ひとつ

Ahiru

© PILOT INK & アヒル隊長プロジェクト

アヒル隊長の情報はコチラ！
http://www.ahirutaicho-series.com

ブクブクちゃん　**アヒル隊長**　**プカプカちゃん**

次世代へつなぐアヒル隊長

環境省アンバサダー

つなげよう、
支えよう
森里川海

日本の豊かな自然を次世代に
つないでいくプロジェクトの
PR 活動に参加しています。

家族をつなぐアヒル隊長

霧島温泉大使
アヒル隊長

「浴育」をテーマとした
家族が温泉を楽しみ
ながら絆を深める場
としてお風呂の魅力を
発信中です。

アヒル隊長の歴史

1993年	2001年	2011年	2014年4月	2015年10月	2016年	2021年
バストイ 水ふきアヒル発売	アヒル隊長へ ネーミング変更	ライセンス活動 開始	霧島温泉大使 任命	環境省プロジェクト アンバサダー任命	発売15周年	発売20周年

キャラクターお問い合わせ先
株式会社読売広告社
次世代モノづくり研究所 キャラクター MD 部

TEL : 03-5544-7220　FAX : 03-5544-7640
Email : shohinka@yomiko.co.jp
URL : https://www.yomiko.co.jp/business/monoken/

商品お問い合わせ先
株式会社パイロットコーポレーション
玩具事業部販売企画グループ

TEL : 03-3538-3852　FAX : 03-3538-3853
URL : https://www.pilot-toy.com/

PILOT

動画 アヒル隊長大行進

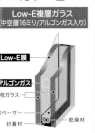

コスモ・ザ・カード・オーパス「エコ」

キリバス/南太平洋諸国支援

日本/C.W.ニコル アファンの森と東松島の森づくり

日本/ゴルフ場跡地を森に戻そう 富良野種まき塾

日本/海を守るために木を植える 森は海の恋人

日本/世界遺産富士山の森を守り再生させよう

日本/馬と守る 都留の里山保全

日本/九十九里浜の海岸林を元の姿に戻そう

パプアニューギニア/熱帯雨林保全

ツバル/南太平洋諸国支援

ソロモン/熱帯雨林保全

ネパール/野口 健ヒマラヤに森をつくろう

使用している写真は、コスモ石油エコカード基金がこれまでに支援してきた活動、プロジェクト名です。

コスモエコカードは、

ガソリン代が節約できる、だけのカードではありません。

それは、エコ活動への小さな入り口です。

コスモ石油がずっとつづけてきた、さまざまな環境活動に、

年500円の寄付金で、参加することができます。

未来が笑顔でありますように。地球が笑顔でありますように。

あなたのエコの、
はじめの一歩。
コスモエコカード。

2022年版 環境省名鑑

時評社

◎大臣官房
（総合環境政策統括官グループ）
　◎国立研究開発法人

◎地球環境局
　　◎資料

◎水・大気環境局
　　◎人名索引

◎自然環境局

◎環境再生・資源循環局

◎原子力規制委員会／
　原子力規制庁

◎施設等機関／
　地方環境事務所

官庁名鑑 WEB サービス　無料トライアルについての詳細は、目次最終ページ（Ⅸ）をご覧ください。

目　　次

環境事務次官………………………………………… 中　井　德太郎　3
地球環境審議官………………………………………… 正　田　　寛　4

大臣官房

官房長……………………………………………………… 鑓　水　　洋　5
政策立案総括審議官…………………………………… 角　倉　一　郎　6
審議官…………………………………………………… 白　石　隆　夫　7
審議官…………………………………………………… 瀬　川　恵　子　8
審議官 兼 環境調査研修所国立水俣病総合研究センター所長 … 森　光　敬　子　9
審議官…………………………………………………… 松　本　啓　朗　10
審議官…………………………………………………… 前　佛　和　秀　11
サイバーセキュリティ・情報化審議官 兼 公文書監理官 ……… 大　森　恵　子　12
秘書課長………………………………………………… 中　尾　　豊　13
秘書課調査官…………………………………………… 萩　原　辰　男　14
秘書課地方環境室長…………………………………… 今　井　正　之　15
総務課長………………………………………………… 永　島　徹　也　16
総務課広報室長………………………………………… 沼　田　正　樹　17
総務課企画官 兼 危機管理・災害対策室長………… 吉　口　進　朗　18
総務課公文書監理室長………………………………… 増　田　直　文　19
総務課国会連絡室長…………………………………… 松　本　行　央　20
総務課環境情報室長…………………………………… 明　石　健　吾　21
会計課長………………………………………………… 小　森　　繁　22
会計課監査指導室長…………………………………… 黒　川　ひとみ　23
会計課庁舎管理室長…………………………………… 大　竹　　敦　24
会計課企画官…………………………………………… 橋　本　洋　逸　25
環境保健部長…………………………………………… 神ノ田　昌　博　26
環境保健部環境保健企画管理課長…………………… 田　中　良　典　27
環境保健部環境保健企画管理課保健業務室長……… 黒　羽　真　吾　28
環境保健部環境保健企画管理課特殊疾病対策室長… 海老名　英　治　29
環境保健部環境保健企画管理課石綿健康被害対策室長………… 吉　住　奈緒子　30
環境保健部環境保健企画管理課化学物質審査室長… 久　保　善　哉　31
環境保健部環境保健企画管理課公害補償審査室長… 手　塚　英　明　32
環境保健部環境保健企画管理課水銀対策推進室長… 吉　﨑　仁　志　33
環境保健部環境保健企画管理課環境リスク情報分析官… 山　﨑　邦　彦　34
環境保健部環境安全課長……………………………… 太　田　志津子　35
環境保健部環境安全課環境リスク評価室長………… 田　中　　桜　36
環境保健部放射線健康管理担当参事官……………… 鈴　木　章　記　37

（総合環境政策統括官グループ）

総合環境政策統括官（併）環境調査研修所長……… 和　田　篤　也　38
総合政策課長…………………………………………… 福　島　健　彦　39
総合政策課調査官……………………………………… 堤　　達　也　40
総合政策課企画評価・政策プロモーション室長（併）環境教育推進室長（併）民間活動支援室長（併）環境計画課地域脱炭素企画官……… 相　澤　寛　史　41
総合政策課環境研究技術室長………………………… 加　藤　　学　42
環境計画課計画官……………………………………… 岡　村　幸　代　43

環境経済課長……………………………………………波戸本　　　尚　44
環境影響評価課長………………………………………西　村　　　学　45
環境影響評価課環境影響審査室長……………………木　野　修　宏　46
地域脱炭素推進総括官…………………………………上　田　康　治　47
環境計画課長……………………………………………松　田　尚　之　48
地域脱炭素政策調整官…………………………………松　下　雄　介　49
地域脱炭素事業推進調整官……………………………近　口　貴　幸　50
環境計画課地域循環共生圏推進室長 兼 地球環境局総務課地球温暖化対策事業監理室長……………………………………………………伊　藤　賢　利　51

地球環境局

局長………………………………………………………小　野　　　洋　52
総務課長…………………………………………………西　村　治　彦　53
総務課脱炭素社会移行推進室長………………………坂　口　芳　輝　54
総務課脱炭素化イノベーション研究調査室長………河　村　玲　央　55
総務課気候変動適応室長………………………………塚　田　源一郎　56
地球温暖化対策課長……………………………………小笠原　　　靖　57
地球温暖化対策課地球温暖化対策事業室長…………加　藤　　　聖　58
地球温暖化対策課脱炭素ビジネス推進室長…………内　藤　冬　美　59
地球温暖化対策課市場メカニズム室長………………井　上　和　也　60
地球温暖化対策課フロン対策室長（併）低炭素物流推進室長……豊　住　朝　子　61
地球温暖化対策課脱炭素ライフスタイル推進室長…岩　山　政　史　62
地球温暖化対策課事業監理官…………………………寺　沢　直　樹　63
国際連携課長……………………………………………大　井　通　博　64
国際連携課国際協力・環境インフラ戦略室長………杉　本　留　三　65
国際連携課国際地球温暖化対策担当参事官…………水　谷　好　洋　66

水・大気環境局

局長………………………………………………………松　澤　　　裕　67
総務課長（併）自動車環境対策課長…………………飯　田　博　文　68
総務課調査官（併）環境管理技術室長………………鈴　木　延　昌　69
総務課越境大気汚染情報分析官………………………東　　　幸　毅　70
大気環境課長（併）大気生活環境室長………………長　坂　雄　一　71
水環境課長………………………………………………川　又　孝太郎　72
水環境課閉鎖性海域対策室長…………………………行　木　美　弥　73
水環境課海洋環境室長…………………………………山　下　　　信　74
水環境課海洋プラスチック汚染対策室長……………中　島　慶　次　75
土壌環境課長（併）地下水・地盤環境室長…………髙　澤　哲　也　76
土壌環境課農薬環境管理室長…………………………伊　澤　　　航　77

自然環境局

局長………………………………………………………奥　田　直　久　78
総務課長…………………………………………………関　谷　毅　史　79
総務課調査官……………………………………………長　田　　　啓　80
総務課国民公園室長（併）新宿御苑管理事務所長…………曽　宮　和　夫　81
総務課動物愛護管理室長………………………………野　村　　　環　82

自然環境計画課長··堀　上　　　勝　83
自然環境計画課自然環境情報分析官····························秀　田　智　彦　84
自然環境計画課生物多様性戦略推進室長·······················中　澤　圭　一　85
自然環境計画課生物多様性主流化室長··························谷　貝　雄　三　86
国立公園課長 ···熊　倉　基　之　87
国立公園課国立公園利用推進室長（併）環境再生・資源循環局総務課循環型社会推進
企画官··岡　野　隆　宏　88
自然環境整備課長··佐　藤　邦　雄　89
自然環境整備課温泉地保護利用推進室長·······················北　橋　義　明　90
野生生物課長···則　久　雅　司　91
野生生物課鳥獣保護管理室長····································東　岡　礼　治　92
野生生物課希少種保全推進室長·································山　本　麻　衣　93
野生生物課外来生物対策室長····································大　林　圭　司　94
皇居外苑管理事務所長···中　村　邦　彦　95
京都御苑管理事務所長···酒　向　貴　子　96
新宿御苑管理事務所長（併）総務課国民公園室長···········曽　宮　和　夫　97
生物多様性センター長···松　本　英　昭　98

環境再生・資源循環局

局長···室　石　泰　弘　99
次長···土　居　健太郎　100
総務課長··奥　山　祐　矢　101
総務課リサイクル推進室長（併）循環型社会推進室長···········平　尾　禎　秀　102
廃棄物適正処理推進課長··簡　井　誠　二　103
廃棄物適正処理推進課浄化槽推進室長····························山　本　泰　生　104
廃棄物適正処理推進課放射性物質汚染廃棄物対策室長·········大　倉　紀　彰　105
廃棄物規制課長（併）不法投棄原状回復事業対策室長（併）ポリ塩化ビフェニル廃棄
物処理推進室長··神　谷　洋　一　106
廃棄物規制課越境移動情報分析官 ·······························福　田　宏　之　107
参事官（総括）··新井田　　　浩　108
参事官（特定廃棄物対策）·······································番　匠　克　二　109
環境再生事業担当参事官··馬　場　康　弘　110
参事官（中間貯蔵）···鮎　川　智　一　111
企画官（併）福島再生・未来志向プロジェクト推進室長·········布　田　洋　史　112
企画官··中　野　哲　哉　113

原子力規制委員会

委員長··更　田　豊　志　117
委員···田　中　　　知　118
委員···山　中　伸　介　119
委員···伴　　　信　彦　120
委員···石　渡　　　明　121

原子力規制庁

長官···荻　野　　　徹　122
次長（兼）原子力安全人材育成センター所長···············片　山　　　啓　123

原子力規制技監（兼）長官官房制度改正審議室長…………… 櫻　田　道　夫　124
長官官房核物質・放射線総括審議官……………………………… 佐　藤　　暁　一　125
長官官房緊急事態対策監…………………………………………… 金　子　修　一　126
長官官房審議官（大臣官房担当）………………………………… 松　下　　　整　127
長官官房審議官……………………………………………………… 小　野　祐　二　128
長官官房審議官……………………………………………………… 森　下　　泰　一郎　129
長官官房総務課長…………………………………………………… 黒　川　陽一郎　130
長官官房総務課地域原子力規制総括調整官（青森担当）……… 前　川　之　則　131
長官官房総務課地域原子力規制総括調整官（福島担当）……… 南　山　力　生　132
長官官房総務課地域原子力規制総括調整官（福井担当）……… 西　村　正　美　133
長官官房総務課監査・業務改善推進室長………………………… 野　村　優　子　134
長官官房総務課広報室長…………………………………………… 村　田　真　一　135
長官官房総務課国際室長…………………………………………… 一　井　直　人　136
長官官房総務課事故対処室長……………………………………… 金　子　真　幸　137
長官官房政策立案参事官…………………………………………… 渡　邉　桂　一　138
長官官房サイバーセキュリティ・情報化参事官………………… 足　立　敏　通　139
長官官房総務課法令審査室長……………………………………… 吉　野　亜　文　140
長官官房総務課企画官 兼 法令審査室企画調整官……………… 水　谷　　努　141
長官官房総務課法令審査室企画調整官…………………………… 西　崎　崇　徳　142
長官官房人事課長…………………………………………………… 金　城　慎　司　143
長官官房人事課企画官（服務・人事制度・厚生企画担当）…… 冨　田　秀　俊　144
長官官房人事課企画官……………………………………………… 奥　　博　貴　145
長官官房人事課企画調査官（地方事務所統括担当）…………… 児　玉　　智　146
長官官房参事官（会計担当）……………………………………… 河　原　雄　介　147
長官官房会計部門経理調査官……………………………………… 島　田　　肇　148
長官官房会計部門経理統括専門官 併 上席会計監査官………… 小　池　　晃　149
長官官房参事官（法務担当）……………………………………… 布　村　希志子　150
長官官房法務部門上席訟務調整官………………………………… 栗　田　　旭　151
長官官房法務部門上席訟務調整官………………………………… 宮　﨑　　健　152
長官官房緊急事案対策室企画調整官……………………………… 川　崎　憲　二　153
長官官房委員会運営支援室長……………………………………… 西　沢　正　剛　154
長官官房技術基盤課長……………………………………………… 遠　山　　眞　155
長官官房安全技術管理官（システム安全担当）………………… 田　口　清　貴　156
長官官房安全技術管理官（シビアアクシデント担当）………… 舟　山　京　子　157
長官官房安全技術管理官（核燃料廃棄物担当）………………… 迎　　　隆　158
長官官房企画官……………………………………………………… 萩　沼　真　之　159
長官官房首席技術研究調査官（廃棄物処分・廃棄・廃止措置担当）
　………………………………………………………………………… 山　田　憲　和　160
長官官房安全技術管理官（地震・津波担当）…………………… 川　内　英　史　161
長官官房首席技術研究調査官（地震動・津波担当）…………… 杉　野　英　治　162
長官官房放射線防護企画課長……………………………………… 新　田　　晃　163
長官官房放射線防護企画課企画官（被ばく医療担当）………… 辰　巳　秀　爾　164
長官官房放射線防護企画課企画官（企画調査担当）…………… 三　橋　康　之　165
長官官房放射線防護企画課企画調査官（制度・国際・地域担当）
　………………………………………………………………………… 重　山　　優　166
長官官房放射線防護企画課保障措置室長………………………… 寺　崎　智　宏　167

長官官房監視情報課長·······村 山 綾 介 168
長官官房監視情報課企画官（制度・技術・国際担当）·········佐々木 潤 169
長官官房監視情報課放射線環境対策室長·······竹 本 亮 170
長官官房安全規制管理官（核セキュリティ担当）·······中 村 振一郎 171
長官官房安全規制管理官（放射線規制担当）·······宮 本 久 172
長官官房放射線規制部門安全管理調査官（放射線セキュリティ担当、制度担当）
伊 藤 博 邦 173
長官官房放射線規制部門安全管理調査官（放射線安全担当）···宮 脇 豊 174
原子力規制部長·······市 村 知 也 175
原子力規制部原子力規制企画課長·······大 島 俊 之 176
原子力規制部原子力規制企画課火災対策室長·······守 谷 謙 一 177
原子力規制部東京電力福島第一原子力発電所事故対策室長···竹 内 淳 178
原子力規制部東京電力福島第一原子力発電所事故対策企画調査官
澁 谷 朝 紀 179
原子力規制部安全規制管理官（実用炉審査担当）·······田 口 達 也 180
原子力規制部実用炉審査部門安全規制調整官（実用炉審査担当）
戸ヶ崎 康 181
原子力規制部実用炉審査部門安全管理調査官（審査担当）·····天 野 直 樹 182
原子力規制部安全規制管理官（研究炉等審査担当）·······志 間 正 和 183
原子力規制部研究炉等審査部門安全管理調査官（試験炉担当）···藤 森 昭 裕 184
原子力規制部研究炉等審査部門安全管理調査官（研開炉担当）···細 野 行 夫 185
原子力規制部研究炉等審査部門企画調査官·······菅 原 洋 行 186
原子力規制部研究炉等審査部門安全規制調整官·······前 田 敏 克 187
原子力規制部安全規制管理官（核燃料施設審査担当）·······長谷川 清 光 188
原子力規制部核燃料施設審査部門安全管理調査官（貯蔵・輸送担当）
小 澤 隆 寛 189
原子力規制部安全規制管理官（地震・津波審査担当）·······大浅田 薫 190
原子力規制部地震・津波審査部門安全規制調整官（地震安全対策担当）
内 藤 浩 行 191
原子力規制部地震・津波審査部門安全規制調整官（地震安全対策担当）
名 倉 繁 樹 192
原子力規制部地震・津波審査部門安全管理調査官（地震安全対策担当）
岩 田 順 一 193
原子力規制部地震・津波審査部門安全管理調査官（地震安全対策担当）
忠 内 厳 大 194
原子力規制部検査監督総括課長·······古金谷 敏 之 195
原子力規制部検査監督総括課企画調査官·······本 橋 隆 行 196
原子力規制部検査監督総括課検査評価室長·······清 丸 勝 正 197
原子力規制部安全規制管理官（実用炉監視担当）·······武 山 松 次 198
原子力規制部統括監視指導官·······髙 須 洋 司 199
原子力規制部実用炉監視部門上席監視指導官·······水 野 大 200
原子力規制部実用炉監視部門上席監視指導官·······米 林 賢 二 201
原子力規制部安全規制管理官（核燃料施設等監視担当）·······門 野 利 之 202
原子力規制部核燃料施設等監視部門上席監視指導官·······二 宮 浩 次 203
原子力規制部核燃料施設等監視部門上席監視指導官·······青 山 勝 信 204
原子力規制部核燃料施設等監視部門企画調査官·······寒 川 琢 実 205

原子力規制部核燃料施設等監視部門企画調査官‥‥‥‥‥‥‥‥ 栗 﨑 博 206
原子力規制部統括監視指導官‥‥‥‥‥‥‥‥‥‥‥‥‥‥‥ 熊 谷 直 樹 207
原子力規制部安全規制管理官（専門検査担当）‥‥‥‥‥‥‥ 杉 本 孝 信 208
原子力規制部専門検査部門首席原子力専門検査官‥‥‥‥‥‥ 山 元 義 弘 209
原子力規制部専門検査部門首席原子力専門検査官‥‥‥‥‥‥ 大 東 誠 210
原子力規制部専門検査部門上席原子力専門検査官‥‥‥‥‥‥ 川 下 泰 弘 211
原子力規制部専門検査部門上席原子力専門検査官‥‥‥‥‥‥ 村 尾 周 仁 212
原子力規制部専門検査部門上席原子力専門検査官‥‥‥‥‥‥ 上 田 洋 213
原子力規制部専門検査部門上席原子力専門検査官‥‥‥‥‥‥ 早 川 善 也 214
原子力規制部専門検査部門上席原子力専門検査官‥‥‥‥‥‥ 宮 崎 毅 215
原子力規制部専門検査部門上席原子力専門検査官‥‥‥‥‥‥ 雑 賀 康 正 216
原子力規制部専門検査部門上席原子力専門検査官‥‥‥‥‥‥ 中 田 聰 217
原子力規制部専門検査部門企画調査官‥‥‥‥‥‥‥‥‥‥‥ 小 坂 淳 彦 218

施設等機関

環境調査研修所長（併）総合環境政策統括官‥‥‥‥‥‥‥‥ 和 田 篤 也 221
環境調査研修所次長‥‥‥‥‥‥‥‥‥‥‥‥‥‥‥‥‥‥‥ 西 山 理 行 222
環境調査研修所国立水俣病総合研究センター所長 兼 大臣官房審議官
‥‥‥‥‥‥‥‥‥‥‥‥‥‥‥‥‥‥‥‥‥‥‥‥‥‥‥‥ 森 光 敬 子 223
環境調査研修所国立水俣病総合研究センター次長‥‥‥‥‥‥ 東 條 純 士 224
原子力安全人材育成センター副所長‥‥‥‥‥‥‥‥‥‥‥‥ 大 向 繁 勝 225
原子力安全人材育成センター人材育成課長‥‥‥‥‥‥‥‥‥ 山 口 道 夫 226
原子力安全人材育成センター総合研修課長（兼）規制研修課長‥ 杉 本 文 孝 227
原子力安全人材育成センター原子炉技術研修課長‥‥‥‥‥‥ 渡 部 和 之 228

地方環境事務所

北海道地方環境事務所長‥‥‥‥‥‥‥‥‥‥‥‥‥‥‥‥‥ 櫻 井 洋 一 229
東北地方環境事務所長‥‥‥‥‥‥‥‥‥‥‥‥‥‥‥‥‥‥ 中 山 隆 治 230
福島地方環境事務所長‥‥‥‥‥‥‥‥‥‥‥‥‥‥‥‥‥‥ 秦 康 之 231
関東地方環境事務所長‥‥‥‥‥‥‥‥‥‥‥‥‥‥‥‥‥‥ 瀬 川 俊 郎 232
中部地方環境事務所長‥‥‥‥‥‥‥‥‥‥‥‥‥‥‥‥‥‥ 築 島 明 233
近畿地方環境事務所長‥‥‥‥‥‥‥‥‥‥‥‥‥‥‥‥‥‥ 関 根 達 郎 234
中国四国地方環境事務所長‥‥‥‥‥‥‥‥‥‥‥‥‥‥‥‥ 上 田 健 二 235
九州地方環境事務所長‥‥‥‥‥‥‥‥‥‥‥‥‥‥‥‥‥‥ 岡 本 光 之 236

国立研究開発法人

国立環境研究所理事長‥‥‥‥‥‥‥‥‥‥‥‥‥‥‥‥‥‥ 木 本 昌 秀 237

資料

環境省電話番号‥‥‥‥‥‥‥‥‥‥‥‥‥‥‥‥‥‥‥‥‥‥‥‥ 241
環境省住所一覧‥‥‥‥‥‥‥‥‥‥‥‥‥‥‥‥‥‥‥‥‥‥‥‥ 245
環境省常設審議会‥‥‥‥‥‥‥‥‥‥‥‥‥‥‥‥‥‥‥‥‥‥‥ 248
環境省申請・届出等手続き一覧‥‥‥‥‥‥‥‥‥‥‥‥‥‥‥‥ 249
環境省令和４年度重点施策 ‥‥‥‥‥‥‥‥‥‥‥‥‥‥‥‥‥‥ 251
環境省歴代大臣・幹部一覧‥‥‥‥‥‥‥‥‥‥‥‥‥‥‥‥‥‥ 274
出身都道府県別幹部一覧‥‥‥‥‥‥‥‥‥‥‥‥‥‥‥‥‥‥‥‥ 276

環境省組織概要……………………………………………………………………… 280
人名索引……………………………………………………………………………… 283

───── 凡　　例 ─────

1. 本名鑑の内容は、令和3年10月26日現在のものです。

1. 本名鑑には、環境省本省、原子力規制庁、施設機関、地方
機関、独立行政法人の主要幹部職員を登載し、その職名（英
文表示入り）、生年月日、出身地、出身校、経歴等を調査
記載しました。
　　なお、個人情報の保護指針につきましては、弊社URLを
ご参照ください。（URL：https://www.jihyo.co.jp）

1. 編集中の異動は努めて正確に訂正しましたが、印刷中の変
動については再版の際、収録しますのでご了承ください。

1. 本名鑑記載の組織名、役職、付録等については編集上・便
宜上一部省略されていることをあらかじめご了承ください。

───── 官庁名鑑WEBサービス　無料トライアル ─────

下記のURLから，トライアル用ID，パスワードでご利用に
なれます。無料期間は2022年1月10日までです。

URL　　　　https://www.jihyo.co.jp/kiss/login.html
ＩＤ　　　　99171
パスワード　otameshi6

●本　　　省

環境事務次官
Vice-Minister of the Environment

中　井　徳太郎 （なかい　とくたろう）

昭和60年 4 月	大蔵省入省（大臣官房調査企画課）
平成元年 4 月	大蔵省理財局国債課企画係長
平成 2 年 7 月	国税庁豊岡税務署長
平成 3 年 7 月	大蔵省銀行局総務課課長補佐
平成 4 年 5 月	外務省在エジプト日本国大使館二等書記官
平成 6 年 5 月	外務省在連合王国日本国大使館
平成 7 年 4 月	外務省在連合王国日本国大使館一等書記官
平成 8 年 7 月	大蔵省主計局給与課課長補佐
平成 9 年 7 月	大蔵省主計局主計官補佐（農林水産第四係主査）
平成10年 7 月	大蔵省主計局主計官補佐（農林水産第一係主査）
平成11年 7 月	富山県企画部次長
平成12年 4 月	富山県理事
平成13年 4 月	富山県生活環境部長
平成14年 7 月	財務省大臣官房文書課広報室長
平成15年 9 月	財務省大臣官房文書課企画調整室長
平成16年 7 月	国立大学法人東京大学教授医科学研究所附属ヒトゲノム解析センター
平成18年 7 月	金融庁監督局総務課協同組織金融室長
平成19年 7 月	人事院事務総局給与局給与第二課長
平成21年 7 月	財務省理財局計画官（厚生労働・文部科学係、地方企画係、地方指導調整係、地方運用第一係、地方運用第二係、地方運用第三係担当）
平成22年 7 月	財務省主計局主計官（農林水産第一係、農林水産第二係、農林水産第三係、農林水産第四係担当）
平成23年 7 月	環境省総合環境政策局総務課長
平成24年 8 月	環境省大臣官房会計課長
平成25年 7 月	環境省大臣官房秘書課長
平成26年 7 月	内閣官房内閣審議官兼環境省大臣官房審議官
平成27年 7 月	環境省大臣官房審議官
平成28年 6 月	環境省大臣官房廃棄物・リサイクル対策部長
平成29年 7 月	環境省総合環境政策統括官（充）環境調査研修所長
令和 2 年 7 月	環境事務次官

環境省地球環境審議官
Vice-Minister for Global Environmental
Affairs

正　田　　　寛（しょうだ　ゆたか）

昭和37年10月11日生．広島県出身．
国立広島大学付属高校，東京大学法学部

昭和61年4月	建設省入省（建設経済局宅地開発課）
平成18年4月	国土交通省河川局水政課水利調整室長
平成20年7月	首都高速道路株式会社経営企画部総合調整・法務グループ総括マネージャー
平成21年7月	環境省総合環境政策局環境計画課長
平成22年8月	総合環境政策局環境経済課長
平成24年8月	地球環境局総務課長
平成26年7月	環境省大臣官房会計課長
平成28年6月	環境省大臣官房審議官
平成30年7月	環境省自然環境局長
令和元年7月	環境省大臣官房長
令和3年7月	環境省地球環境審議官

大臣官房

環境省大臣官房長
Secretary General Minister's Secretariat

鑓　水　　　洋（やりみず　よう）

昭和39年11月24日生．山形県出身．
東京大学（法）

昭和62年 4 月	大蔵省入省
平成 3 年 7 月	理財局総務課企画係長
平成 4 年 7 月	観音寺税務署長
平成 5 年 6 月	国税庁長官官房人事課課長補佐
平成 7 年 7 月	銀行局総務課課長補佐（日本銀行・企画）
平成 8 年 7 月	銀行局中小金融課課長補佐（信用金庫・信用補完）
平成10年 7 月	主計局総務課課長補佐（歳入・国債）
平成11年 7 月	主計局主計官補佐（農林水産四）
平成12年 7 月	主計局主計官補佐（農林水産一）
平成13年 7 月	大臣官房付（内閣官房副長官補付 兼 内閣官房行政改革 推進事務局行政委託型公益法人等改革推進室企画官）
平成14年 7 月	大臣官房総合政策課課長補佐（総括）
平成15年 7 月	熊本県総合政策局長
平成16年 4 月	熊本県地域振興部長
平成18年 7 月	主税局総務課主税企画官
平成19年 7 月	大臣官房企画官 兼 主税局総務課
平成20年 7 月	主税局税制第一課主税企画官 兼 主税局税制第二課
平成21年 7 月	主計局主計官（外務、経済協力、経済産業係担当）
平成23年 7 月	主計局主計官（司法・警察、財務、経済産業、環境係担 当）
平成24年 7 月	主税局税制第三課長
平成24年12月	主計局税制第一課長
平成25年 7 月	大臣官房政策金融課長
平成27年 7 月	主税局総務課長
平成28年 6 月	広島国税局長
平成29年 7 月	内閣官房内閣審議官（内閣官房副長官補付） 兼 内閣官房 ＴＰＰ政府対策本部員
平成30年 7 月	大臣官房審議官（理財局担当）
令和元年 7 月	理財局次長
令和 2 年 7 月	国税庁次長
令和 3 年 7 月	環境省大臣官房長

環境省大臣官房政策立案総括審議官

角 倉 一 郎（すみくら　いちろう）

石川県出身.
金沢大学付属高校，東京大学法学部,
Imperial College London（Ph.D. Candidate),
政策研究大学院大学（博士（政治・政策研究))

平成3年4月	環境庁入庁
平成24年7月	環境省地球環境局地球温暖化対策課市場メカニズム室長
平成24年9月	内閣官房副長官補付内閣参事官兼原子力規制組織等改革推進室参事官
平成26年9月	環境省大臣官房廃棄物・リサイクル対策部産業廃棄物課長
平成28年6月	環境省地球環境局総務課長
平成30年7月	環境省大臣官房総合政策課長
令和元年7月	環境省大臣官房会計課長
令和2年7月	環境省大臣官房秘書課長
令和3年3月	内閣官房気候変動対策推進室参事官
令和3年7月	環境省大臣官房政策立案総括審議官

主要著書　『ポスト京都議定書を巡る多国間交渉：規範的アイデアの衝突
　　　　　　と調整の政治力学』法律文化社、2015年
資格　TOEIC 990点、英検1級

環境省大臣官房審議官
Councillor, Minister's Secretariat

白 石 隆 夫 (しらいし　たかお)

昭和42年 4 月12日生.
早稲田大学政治経済学部

平成 2 年 4 月	大蔵省入省（銀行局総務課）
平成 8 年 7 月	国税庁調査査察部査察課課長補佐
平成10年 7 月	内閣事務官（内閣官房内閣内政審議室）
平成12年 7 月	大蔵省主計局主計企画官補佐（調整第一、三係主査）
平成13年 7 月	財務省主計局総務課補佐
平成14年 7 月	財務省主計局主計官補佐（内閣第一係主査）
平成16年 7 月	財務省大臣官房付（兼 内閣官房郵政民営化準備室室員）
平成17年 8 月	財務省主計局主計官補佐（総務・地方財政第一係主査）
平成18年 7 月	外務省経済開発協力機構日本政府代表部一等書記官
平成19年 1 月	外務省経済開発協力機構日本政府代表部参事官
平成21年 7 月	財務省主税局税制第一課主税企画官 兼 主税局税制第二課
平成22年 7 月	財務省大臣官房企画官 兼 主税局総務課
平成23年 7 月	財務省主税局総務課主税企画官 兼 主税局調査課
平成24年 8 月	財務省大臣官房付（兼 内閣官房内閣参事官（内閣総務官室）兼 内閣官房国家戦略室室員）
平成24年12月	財務省大臣官房付（兼 内閣官房内閣参事官（内閣官房副長官補付）兼 内閣官房日本経済再生総合事務局参事官）
平成26年 7 月	財務省主計局主計官（内閣、復興、外務、経済協力係担当）
平成27年 7 月	復興庁統括官付参事官
平成28年 6 月	環境省総合環境政策局総務課長
平成29年 7 月	環境省大臣官房総務課長
令和元年 7 月	環境省大臣官房審議官

環境省大臣官房審議官
Councillor, Minister's Secretariat

瀬 川 恵 子（せがわ　けいこ）
昭和40年 8 月13日生．愛知県出身．
名古屋市立菊里高校，東京工業大学工学部社会工学科

平成元年 4 月	環境庁入庁
平成13年	環境省環境管理局水環境部企画課課長補佐
平成15年	環境省環境管理局水環境部水環境管理課課長補佐
平成16年	環境省地球環境局環境保全対策課課長補佐
平成19年	環境省総合環境政策局環境保健部環境安全課課長補佐
平成21年 7 月	環境省大臣官房政策評価広報課広報室長
平成23年 8 月	環境省総合環境政策局環境保健部企画課化学物質審査室長
平成25年 7 月	環境省総合環境政策局環境影響評価課環境影響審査室長
平成26年 7 月	環境省地球環境局国際連携課長
平成28年 6 月	環境省大臣官房廃棄物・リサイクル対策部廃棄物対策課長
平成29年 7 月	環境省環境再生・資源循環局廃棄物適正処理推進課長
	（併）災害廃棄物対策室長
平成30年 7 月	環境省大臣官房環境保健部環境安全課長
令和元年 7 月	環境省大臣官房審議官

主要論文　「都市デザインにおけるオブジェの意義に関する基礎的研究」
　　　　　（旧姓　柴田）

**環境省大臣官房審議官 兼 環境調査研修所国立水俣病総合研究センター
所長**
Councillor, Minister's Secretariat/Director General

森 光 敬 子 (もりみつ　けいこ)

昭和43年 2 月 7 日生．福岡県出身．
佐賀医科大学医学部

平成 4 年	厚生省入省
平成25年 4 月	国立感染症研究所企画調整主幹
平成26年 6 月	独立行政法人日本医療研究開発機構担当室企画官
平成27年 4 月	国立研究開発法人日本医療研究開発機構戦略推進部次長
平成28年 6 月	厚生労働省医政局研究開発振興課長（再生医療等研究推進室長 併任）
平成30年 7 月	厚生労働省保険局医療課長
令和 2 年 8 月	環境省大臣官房審議官 兼 環境調査研修所国立水俣病総合研究センター所長

環境省大臣官房審議官
Councillor, Minister's Secretariat

松 本 啓 朗（まつもと　ひろあき）
東京大学法学部,
ケンブリッジ大学院土地経済学部

平成 2 年	建設省入省
平成20年 4 月	国土交通省土地・水資源局公共用地室長
平成21年 4 月	兵庫県県土整備部まちづくり局長
平成22年11月	兵庫県県土整備部住宅建築局長
平成24年 4 月	兵庫県まちづくり部長
平成25年 4 月	復興庁統括官付参事官（原子力災害復興班）
平成28年 7 月	環境省総合環境政策局環境計画課長
平成29年 7 月	環境省大臣官房総合政策課長
平成30年 7 月	環境省大臣官房会計課長
令和元年 7 月	環境省大臣官房総務課長
令和 2 年 7 月	環境省大臣官房サイバーセキュリティ・情報化審議官
令和 3 年 7 月	環境省大臣官房審議官

環境省大臣官房審議官
Deputy Director‐General Environmental Regeneration and Material
Cycles Bureau

前 佛 和 秀 （ぜんぶつ　かずひで）

昭和41年 8 月30日生．北海道出身．
北海道大学大学院工学研究科土木工学専攻

平成 3 年 4 月　建設省入省
平成22年 4 月　国土交通省中部地方整備局沼津河川国道事務所長
平成24年 4 月　国土交通省土地・建設産業局建設業課建設業技術企画官
平成25年 8 月　国土交通省道路局高速道路課有料道路調整室長
平成27年 4 月　秋田県建設部建設技監
平成28年 4 月　秋田県建設部長
平成29年 7 月　国土交通省九州地方整備局道路部長
令和 2 年 6 月　国土交通省道路局国道・技術課長
令和 3 年 7 月　環境省大臣官房審議官

環境省大臣官房サイバーセキュリティ・情報化
審議官 兼 公文書監理官

大 森 恵 子（おおもり　けいこ）

昭和42年8月8日生.　滋賀県出身.
滋賀県立膳所高校，京都大学経済学部経済学科

平成2年4月	環境庁入庁（大気保全局企画課）
平成4年4月	環境庁企画調整局環境保健部特殊疾病対策室
平成6年4月	環境庁企画調整局地球環境部環境保全対策課主査
平成8年6月	環境庁大臣官房総務課係長
平成10年4月	環境庁企画調整局環境影響評価課課長補佐
平成11年1月	人事院短期留学（オランダエネルギー保全・環境技術研究所）
平成11年7月	環境庁企画調整局調査企画室室長補佐
平成12年6月	環境庁企画調整局地球環境部環境保全対策課課長補佐
平成13年1月	経済産業省資源エネルギー庁省エネルギー・新エネルギー部政策課課長補佐
平成15年6月	環境省水環境部企画課課長補佐
平成16年7月	環境省地球環境局総務課課長補佐
平成18年10月	環境省大臣官房政策評価広報課課長補佐
平成20年8月	環境省大臣官房廃棄物・リサイクル対策部企画課循環型社会推進室長
平成23年8月	京都大学経済研究所附属先端政策分析研究センター教授
平成26年8月	環境省総合環境政策局環境影響評価課長
平成28年7月	環境省総合環境政策局環境保健部環境保健企画管理課長
平成29年7月	環境省大臣官房会計課長
平成30年7月	環境省大臣官房秘書課長
令和2年7月	環境省大臣官房審議官
令和3年7月	環境省大臣官房サイバーセキュリティ・情報化審議官 兼 公文書監理官

主要著書　『グリーン融資の経済学―消費者向け省エネ機器・設備支援策
　　　　　　の効果分析』（昭和堂）

環境省大臣官房秘書課長

中 尾 　 豊（なかお　ゆたか）

昭和44年6月23日生．東京都出身．
私立開成高校，東京大学文学部社会心理学科

平成4年4月	環境庁入庁（自然保護局企画調整課）
平成6年4月	環境庁企画調整局企画調整課環境保全活動推進室
平成7年4月	環境庁企画調整局企画調整課環境保全活動推進室主査
平成8年6月	環境庁地球環境部環境保全対策課係長
平成10年7月	環境庁企画調整局環境影響評価課係長
平成11年7月	環境庁企画調整局環境影響評価課課長補佐
平成12年6月	外務省（在アメリカ合衆国日本国大使館二等書記官）
平成14年4月	外務省（在アメリカ合衆国日本国大使館一等書記官）
平成16年2月	環境省総合環境政策局環境経済課課長補佐
平成18年7月	（育児休業）
平成19年4月	環境省大臣官房秘書課課長補佐（併任：政策評価広報課）
平成19年7月	環境省総合環境政策局環境保健部企画課課長補佐
平成21年7月	環境省大臣官房総務課課長補佐（併任：秘書課）
平成22年8月	環境省大臣官房総務課企画官
平成22年9月	環境省大臣官房付（秘書官事務取扱）
平成23年9月	環境省大臣官房廃棄物・リサイクル対策部企画課循環型社会推進室長（併任：総合環境政策局総務課、環境推進課）
平成24年2月	環境省大臣官房政策評価広報課広報室長
平成26年9月	内閣官房内閣参事官（内閣官房副長官補付）
平成28年7月	環境省大臣官房廃棄物・リサイクル対策部産業廃棄物課長
平成29年7月	環境省大臣官房環境保健部環境保健企画管理課長
平成30年4月	環境省福島地方環境事務所次長
令和2年7月	環境省環境再生・資源循環局総務課長
令和3年3月	環境省大臣官房秘書課長（併任：環境再生・資源循環局総務課長（令和3年6月まで））

環境省大臣官房秘書課調査官
Senior Policy Coordinator of the Personnel Division

萩　原　辰　男 （はぎわら　たつお）

昭和39年 6 月 4 日生．埼玉県出身．
埼玉県立越ケ谷高等学校

昭和58年 4 月　環境庁入庁
平成30年 4 月　環境省水・大気環境局総務課課長補佐
令和元年 7 月　環境省大臣官房秘書課長補佐
令和 3 年 4 月　環境省大臣官房秘書課調査官

環境省大臣官房秘書課地方環境室長

今　井　正　之（いまい　まさゆき）

昭和39年8月1日生．群馬県出身．
青山学院大学経済学部

昭和59年	環境庁入庁
平成30年4月	環境省大臣官房秘書課課長補佐
平成31年4月	環境省自然環境局総務課課長補佐
令和3年4月	環境省大臣官房秘書課地方環境室長

環境省大臣官房総務課長
Director of the General Affairs Division

永　島　徹　也（ながしま　てつや）
昭和44年12月7日生．神奈川県出身．A型
一橋大学社会学部,
タフツ大学フレッチャースクール

平成4年	環境庁入庁
平成20年7月	総合環境政策局総務課課長補佐
平成21年9月	総理大臣官邸内閣官房副長官（事務）秘書官
平成23年8月	環境省大臣官房政策評価広報課広報室長
平成24年2月	環境省大臣官房廃棄物・リサイクル対策部企画課循環型社会推進室長
平成24年8月	環境省大臣官房廃棄物・リサイクル対策部企画課リサイクル推進室長（併）循環型社会推進室長
平成25年5月	環境省大臣官房総務課企画官
平成26年4月	環境省水・大気環境局中間貯蔵施設担当参事官
平成28年4月	環境省総合環境政策局環境影響評価課長
平成29年7月	環境省自然環境局総務課長
令和元年7月	環境省大臣官房総合政策課長
令和3年7月	環境省大臣官房総務課長

環境省大臣官房総務課広報室長
Director, Public Relations Office

沼　田　正　樹（ぬまた　まさき）

平成12年 4 月　環境庁入庁
令和元年 7 月　横浜市温暖化対策統括本部企画調整部担当部長
令和 3 年 7 月　環境省大臣官房総務課広報室長

環境省大臣官房総務課企画官 兼 危機管理・災害対策室長

吉 口 進 朗 （よしぐち　のぶあき）

平成元年4月　厚生省入省
令和元年5月　国立研究開発法人国立環境研究所企画部長
令和3年7月　環境省大臣官房総務課企画官 兼 危機管理・災害対策室長

環境省大臣官房総務課公文書監理室長

増　田　直　文（ますだ　なおふみ）

環境省大臣官房総務課国会連絡室長

松 本 行 央 （まつもと　ゆきお）

昭和50年10月20日生．神奈川県出身．A型
神奈川県立瀬谷西高等学校

平成6年4月　環境庁入庁
平成30年4月　環境省環境再生・資源循環局廃棄物規制課
令和2年9月　環境省大臣官房総務課国会連絡室長

環境省大臣官房総務課環境情報室長
Director of Environmental Information Office

明　石　健　吾（あかし　けんご）

平成 4 年 4 月　環境庁入庁
平成30年 8 月　人事院公務員研修所教務部政策研修分析官
令和 3 年 7 月　環境省大臣官房総務課環境情報室長

環境省大臣官房会計課長
Director of the Budget and Accounts Division

小　森　　　繁 (こもり　しげる)

昭和42年9月17日生.　東京都出身.
早稲田大学政治経済学部政治学科

平成 4 年 4 月	環境庁入庁
平成11年 7 月	環境庁大臣官房総務課長補佐
平成12年 7 月	環境庁企画調整局環境影響評価課長補佐
平成14年 4 月	北九州市環境局環境保全部環境国際協力室長
平成16年 4 月	環境省大臣官房政策評価広報課長補佐
平成17年11月	環境省地球環境局総務課長補佐
平成20年 7 月	環境省水・大気環境局総務課長補佐
平成21年 7 月	環境省地球環境局地球温暖化対策課長補佐
	環境省地球環境局地球温暖化対策課国民生活対策室長
	（併任）
平成22年 2 月	環境省地球環境局地球温暖化対策課長補佐
平成22年 8 月	経済産業省四国経済産業局総務企画部長
平成24年 6 月	環境省大臣官房付
平成27年 8 月	原子力規制庁長官官房総務課広報室長
平成28年 2 月	原子力規制庁長官官房総務課監査・業務改善推進室長
平成29年 4 月	原子力規制庁長官官房監査・業務改善統括調整官
平成30年 4 月	環境省大臣官房環境保健部環境保健企画管理課長
令和 2 年 7 月	環境省水・大気環境局総務課長（併）自動車環境対策課長
令和 3 年 7 月	環境省大臣官房会計課長

環境省大臣官房会計課監査指導室長
Director of Audit Office

黒 川 ひとみ (くろかわ　ひとみ)

昭和39年12月10日生．宮崎県出身．O型
鶴丸高等学校，お茶の水女子大学

昭和62年4月　厚生省入省
令和2年4月　環境省大臣官房会計課監査指導室長

環境省大臣官房会計課庁舎管理室長

大 竹　　敦 （おおたけ　あつし）

平成 5 年 4 月　環境庁入庁
令和 3 年 4 月　環境省大臣官房会計課庁舎管理室長

環境省大臣官房会計課企画官

橋 本 洋 逸 (はしもと よういつ)

昭和63年4月　総理府入府
令和2年4月　環境省大臣官房会計課企画官

環境省大臣官房環境保健部長

神ノ田　昌　博（かみのた　まさひろ）

昭和42年4月18日生.　千葉県出身.　A型
慶應義塾大学医学部

平成 4 年 4 月	厚生省入省（保健医療局 疾病対策課 配属）
平成 4 年 5 月	保健医療局企画課臓器移植対策室 併任
平成 6 年 5 月	岡山県倉敷保健所主任（倉敷西保健所、倉敷南保健所 併任）
平成 7 年 4 月	岡山県保健福祉部保健福祉課主任
平成 8 年 4 月	厚生省老人保健福祉局老人保健課主査
平成 9 年 6 月	厚生省大臣官房厚生科学課主査（ハーバード公衆衛生大学院 留学）
平成10年 6 月	厚生省健康政策局総務課課長補佐
平成12年 4 月	山梨県福祉保健部健康増進課長
平成14年 4 月	厚生労働省健康局結核感染症課課長補佐
平成16年 7 月	厚生労働省老健局老人保健課課長補佐
平成18年 8 月	厚生労働省保険局医療課課長補佐
平成19年 4 月	厚生労働省大臣官房厚生科学課主任科学技術調整官
平成20年 7 月	岡山県保健福祉部長
平成22年 8 月	厚生労働省健康局結核感染症課新型インフルエンザ対策推進室長
平成23年 1 月	厚生労働省健康局疾病対策課肝炎対策推進室長 併任（平成24年 3 月解除）
平成24年 8 月	環境省総合環境政策局環境保健部企画課石綿健康被害対策室長
平成24年 9 月	環境省総合環境政策局環境保健部放射線健康管理担当参事官室 併任
平成26年 9 月	厚生労働省医政局研究開発振興課長（研究開発振興課再生医療等研究推進室長 併任）
平成27年 5 月	厚生労働省医政局経済課医療機器政策室長 併任（平成27年 7 月解除）
平成28年 6 月	厚生労働省雇用均等・児童家庭局母子保健課長
平成29年 7 月	厚生労働省労働基準局安全衛生部労働衛生課長
令和元年 7 月	厚生労働省健康局健康課長
令和 2 年 8 月	国立研究開発法人国立がん研究センター理事長特任補佐
令和 3 年 9 月	環境省大臣官房環境保健部長

環境省大臣官房環境保健部環境保健企画管理課長

田 中 良 典（たなか　よしのり）

昭和44年 6 月28日生．福岡県出身．
久留米大学附設高校，東京大学経済学部

平成 5 年 4 月	環境庁入庁（大気保全局企画課）
平成 7 年 5 月	環境庁企画調整局環境計画課
平成 9 年 7 月	環境庁企画調整局環境保健部保健企画課企画法令係長
平成11年 7 月	通商産業省資源エネルギー庁長官官房総務課海洋開発室総括班長
平成13年 5 月	環境副大臣秘書官事務取扱
平成14年 5 月	環境省地球環境局地球温暖化対策課課長補佐
平成17年 9 月	環境省総合環境政策局環境保健部企画課課長補佐
平成19年 8 月	外務省欧州連合代表部一等書記官
平成23年 6 月	内閣官房企画官（国家戦略室）
平成24年12月	内閣官房企画官（内閣官房副長官補付）
平成25年 7 月	内閣官房内閣参事官（内閣官房副長官補付）
平成26年 9 月	環境省大臣官房政策評価広報課広報室長
平成27年 7 月	環境省大臣官房廃棄物・リサイクル対策部企画課リサイクル推進室長（充）循環型社会推進室長
平成29年 8 月	環境省自然環境局国立公園課長
平成30年 7 月	内閣府政策統括官（原子力防災担当）付参事官（総合調整・訓練担当）
令和 2 年 7 月	環境省大臣官房環境保健部環境保健企画管理課長

環境省大臣官房環境保健部環境保健企画管理課保健業務室長
Director of Environmental Health Affairs Office

黒 羽 真 吾（くろばね　しんご）

平成31年4月　厚生労働省大臣官房厚生科学課研究企画官
令和2年8月　環境省大臣官房環境保健部環境保健企画管理課保健業務
　　　　　　　室長

環境省大臣官房環境保健部環境保健企画管理課特殊疾病対策室長
Director of Special Environmental Diseases office

海老名　英　治 （えびな　えいじ）

埼玉県出身.
私立城北高等学校，信州大学医学部

平成16年5月	厚生労働省入省
平成23年4月	さいたま市保健福祉局保健部地域医療課長
令和2年4月	栃木県保健福祉部長
令和3年7月	環境省大臣官房環境保健部環境保健企画管理課特殊疾病 対策室長

環境省大臣官房環境保健部環境保健企画管理課石綿健康被害対策室長
Director of Office for Health Hazards caused by Asbest

吉　住　奈緒子 （よしずみ　なおこ）

昭和54年 1 月13日生．兵庫県出身．
大阪大学医学部

平成18年 4 月　厚生労働省入省
令和 2 年 8 月　環境省大臣官房環境保健部環境保健企画管理課石綿健康
　　　　　　　　被害対策室長

環境省大臣官房環境保健部環境保健企画管理課化学物質審査室長
Director, Chemicals Evaluation Office

久 保 善 哉 (くぼ よしや)

環境省大臣官房環境保健部環境保健企画管理課公害補償審査室長
Director of Office for the Appeals Committee on Environmental
Health Damage Compensation

手　塚　英　明（てづか　ひであき）

昭和38年 2 月 3 日生．東京都出身．
法政大学文学部

昭和60年 4 月　環境庁入庁
令和 2 年 4 月　環境省大臣官房環境保健部環境保健企画管理課公害補償
　　　　　　　　審査室長

環境省大臣官房環境保健部環境保健企画管理課水銀対策推進室長
Director, Office of Mercury Management, Environmental Health
Policy Planning and Management Division, Environmental Health
Department, Minister's Secretariat, Ministry of the Environment

吉 﨑 仁 志（よしざき　ひとし）

令和 3 年 7 月　環境省大臣官房環境保健部環境保健企画管理課水銀対策
　　　　　　　推進室長

環境省大臣官房環境保健部環境保健企画管理課環境リスク情報分析官
Senior Coordinator (Environmental Risk Assessment), Environmental
Health Department, Ministry of the Environment

山　﨑　邦　彦（やまざき　くにひこ）

昭和36年生.
東京大学理学部化学科　東京大学工学部都市工学科研究生,
東京大学大学院理学系研究科化学専門課程

昭和63年4月	環境庁入庁
平成4年4月	通商産業省工業技術院ムーンライト計画推進室（5年6月～　ニューサンシャイン計画推進本部）
平成6年4月	環境庁国立環境研究所地球環境研究センター
平成7年7月	環境庁国立環境研究所研究企画官
平成9年4月	環境庁大気保全局大気生活環境室室長補佐
平成11年7月	人事院短期在外研究員（Carnegie Mellon University）
平成12年8月	環境庁環境保健部環境リスク評価室室長補佐
平成15年10月	独立行政法人国立環境研究所化学物質環境リスク研究センター研究調整官
平成18年4月	独立行政法人国立環境研究所環境リスク研究センター研究調整主幹
平成20年7月	環境省地球環境局総務課地球環境情報分析官（環境保健部 併任）
平成20年8月	環境省総合環境政策局環境保健部企画課環境リスク情報分析官
平成28年3月	併任：環境省水・大気環境局総務課
平成28年4月	環境省総合環境政策局環境保健部環境保健企画管理課環境リスク情報分析官
平成29年7月	環境省大臣官房環境保健部環境保健企画管理課環境リスク情報分析官

主要著書　『地球環境テキストブック　環境科学』第11章「環境汚染に対する行政上の対応」（吉原利一編、オーム社）、『化学物質の生態リスク評価と規制－農薬編－』第7章－4「農薬の環境リスク初期評価」（日本環境毒性学会監修、アイピーシー出版部）、『生態影響試験ハンドブック－化学物質の環境リスク評価』第6章－3「生態リスク評価の方法」（日本環境毒性学会編、朝倉書店）

環境省大臣官房環境保健部環境安全課長
Director, Environmental Health and Safety Division, Environmental
Health Department, Ministry of the Environment

太　田　志津子 （おおた　しづこ）

北海道出身.
北海道立札幌北高等学校，東京大学理学部生物化学科，
東京大学大学院理学系研究科生物化学専攻

平成 3 年 4 月	環境庁入庁
平成 3 年 4 月	環境庁環境保健部保健業務課保健調査室
平成 5 年 4 月	環境庁大気保全局企画課
平成 6 年 4 月	環境庁大気保全局企画課交通公害対策室主査
平成 6 年 7 月	環境庁大気保全局自動車環境対策第一課主査
平成 7 年 7 月	科学技術庁原子力局技術振興課放射線利用推進室企画係長
平成 8 年 5 月	科学技術庁原子力局研究課助成係長
平成 9 年 7 月	環境庁環境保健部環境安全課化学物質対策係長
平成10年 7 月	環境庁環境保健部環境安全課保健専門官
平成11年 7 月	環境庁大気保全局企画課広域大気管理室室長補佐
平成13年 1 月	環境省地球環境局環境保全対策課広域大気専門官
平成13年 7 月	横浜市環境保全局総務部担当課長
平成15年 4 月	環境省環境管理局総務課ダイオキシン対策室室長補佐
平成17年 7 月	環境省環境管理局水環境部土壌環境課課長補佐
平成18年 4 月	日本環境安全事業株式会社事業部上席調査役
平成18年 6 月	日本環境安全事業株式会社事業部事業企画課長
平成20年 8 月	環境省地球環境局環境保全対策課課長補佐
平成21年 4 月	環境省水・大気環境局総務課ダイオキシン対策室室長補佐
平成22年 4 月	慶應義塾大学環境情報学部教授
平成24年 4 月	環境省大臣官房総務課環境情報室長
平成25年 4 月	独立行政法人水資源機構環境室水環境課長
平成26年 4 月	独立行政法人水資源機構ダム事業本部ダム事業部担当課長
平成27年 8 月	環境省総合環境政策局総務課環境研究技術室長
平成29年 7 月	環境省大臣官房総合政策課環境研究技術室長
平成29年 8 月	内閣府政策統括官（科学技術・イノベーション担当）付参事官
令和元年 7 月	環境省大臣官房環境保健部環境安全課長

主要著書　『持続可能な社会に向けた環境人材育成』（化学工業日報社，
　　　　　2013）

環境省大臣官房環境保健部環境安全課環境リスク評価室長

田　中　　桜（たなか　さくら）

香川県出身.
高松高校，滋賀医科大学医学部医学科,
九州大学大学院医学研究院

平成24年6月	厚生労働省健康局疾病対策課課長補佐
平成26年4月	厚生労働省障害保健福祉部企画課課長補佐
平成27年4月	厚生労働省雇用均等・児童家庭局母子保健課課長補佐
平成29年4月	厚生労働省政策統括官付保険統計室室長補佐
平成29年7月	原子力規制庁長官官房放射線防護企画課企画官（被ばく医療担当）
令和元年9月	原子力規制庁長官官房放射線防護企画課企画官（企画調査担当）
令和3年1月	環境省大臣官房環境保健部環境安全課環境リスク評価室長

資格　医師免許
趣味　ランニング

環境省大臣官房環境保健部放射線健康管理担当参事官
Director, Radiation Health Management Office, Environmental
Health Department

鈴 木 章 記 (すずき　あきふさ)

昭和45年 4 月23日生.　神奈川県出身.
昭和大学

平成19年 4 月	厚生労働省保険局医療課医療指導監査室特別医療指導監査官
平成20年 4 月	厚生労働省医薬食品局食品安全部基準審査課新開発食品保健対策室バイオ食品専門官
平成21年 4 月	独立行政法人国立病院機構医療部医療課長
平成22年 4 月	山口県下関市保健部長兼下関保健所長
平成26年 7 月	厚生労働省健康局疾病対策課肝炎対策推進室長
平成27年10月	厚生労働省健康局難病対策課移植医療対策推進室長
平成28年 9 月	厚生労働省労働基準局安全衛生部労働衛生課主任中央じん肺診査医
平成30年 7 月	独立行政法人医薬品医療機器総合機構審議役
令和 2 年 1 月	独立行政法人医薬品医療機器総合機構執行役員
令和 2 年 8 月	環境省大臣官房環境保健部放射線健康管理担当参事官

環境省総合環境政策統括官（併）環境調査研修所長

和　田　篤　也（わだ　とくや）

北海道出身.
北海道立帯広柏葉高校，北海道大学工学部衛生工学科,
北海道大学大学院工学研究科情報工学専攻

昭和63年4月	環境庁入庁（大気保全局企画課）
平成2年4月	大阪府環境保健部環境局大気課
平成4年4月	環境庁国立環境研究所地球環境研究センター観測第2係長
平成4年10月	環境庁国立環境研究所地球環境研究センター（併）交流係長
平成6年4月	通商産業省工業技術院総務部ニューサンシャイン計画推進本部技術班長
平成8年7月	環境庁企画調整局環境影響評価課環境影響審査室審査官
平成10年7月	海外経済協力基金環境社会開発課課長代理
平成11年10月	国際協力銀行環境社会開発室環境第2班副参事役
平成13年9月	環境省地球環境局環境保全対策課環境協力室室長補佐
平成14年10月	環境省地球環境局環境保全対策課課長補佐
平成14年10月	環境省地球環境局地球温暖化対策課国民生活対策室（併）室長補佐
平成16年4月	環境省総合環境政策局環境影響評価課課長補佐
平成17年9月	環境省総合環境政策局環境影響評価課環境影響審査室（併）室長補佐
平成18年10月	環境省地球環境局地球温暖化対策課国際対策室長
平成20年8月	環境省水・大気環境局土壌環境課地下水・地盤環境室長
平成21年7月	環境省総合環境政策局環境保健部企画課化学物質審査室長
平成23年8月	環境省地球環境局地球温暖化対策課調整官
平成24年9月	環境省地球環境局地球温暖化対策課長
平成26年7月	環境省廃棄物・リサイクル対策部廃棄物対策課長
平成28年6月	環境省大臣官房参事官（指定廃棄物対策担当）
平成29年7月	環境省環境再生・資源循環局総務課長
平成30年4月	環境省大臣官房審議官
平成30年7月	環境省大臣官房政策立案総括審議官
令和元年7月	大臣官房公文書監理官を兼任
令和2年7月	環境省総合環境政策統括官（併）環境調査研修所長

環境省大臣官房総合政策課長

福　島　健　彦（ふくしま　たけひこ）

昭和41年9月4日生．北海道出身．
札幌北高校，京都大学理学部化学教室

平成5年4月	環境庁企画調整局環境保健部保健業務課保健調査室
平成7年1月	国立環境研究所地球環境研究センター
平成8年4月	環境庁大気保全局自動車環境対策第二課
平成11年9月	通商産業省工業技術院エネルギー技術研究開発課技術班長
平成13年1月	経済産業省産業技術環境局研究開発課課長補佐
平成13年9月	環境省総合環境政策局環境保健部環境安全課課長補佐
平成16年12月	経済協力開発機構（OECD）環境局環境保健安全課
平成20年8月	環境省地球環境局環境保全対策課環境協力室室長補佐
平成22年7月	環境省総合環境政策局環境保健部環境安全課課長補佐
平成24年9月	国土交通省自動車局環境政策課地球温暖化対策室長
平成26年7月	環境省総合環境政策局環境保健部企画課化学物質審査室長
平成28年7月	環境省地球環境局地球温暖化対策課調整官（併）地球温暖化対策事業室長
平成29年7月	環境省地球環境局国際連携課長
令和元年7月	内閣官房内閣参事官（内閣総務官室）
令和3年7月	環境省大臣官房総合政策課長

環境省大臣官房総合政策課調査官

堤　　達　也 (つつみ　たつや)

平成6年4月　建設省入省
令和3年7月　環境省大臣官房総合政策課調査官

政策統括官
総合環境

環境省大臣官房総合政策課企画評価・政策プロモーション室長（併）環境教育推進室長（併）民間活動支援室長（併）環境計画課地域脱炭素企画官

相　澤　寛　史（あいざわ　ひろふみ）

	環境省環境再生・資源循環局廃棄物規制課長補佐を経て
平成30年7月	環境省地球環境局地球温暖化対策課地球温暖化対策事業室長
令和2年7月	環境省環境再生・資源循環局廃棄物適正処理推進課浄化槽推進室長
令和2年9月	環境省大臣官房秘書課秘書官事務取扱
令和3年10月	環境省大臣官房総合政策課企画評価・政策プロモーション室長
令和3年10月	環境教育推進室長、民間活動支援室長、環境計画課地域脱炭素企画官を併任

環境省大臣官房総合政策課環境研究技術室長
Director of Environmental Research and Technology Office

加 藤　　学 (かとう　まなぶ)

令和3年8月　環境省大臣官房総合政策課環境研究技術室長

環境省大臣官房環境計画課計画官

岡　村　幸　代（おかむら　さちよ）

　　　　　　　　　民間採用
令和 2 年 9 月　　環境省大臣官房環境計画課計画官

環境省大臣官房環境経済課長
Director of Environmental and Economy Division

波戸本　　　尚（はともと　ひさし）

昭和47年 8 月23日生．大阪府出身．
東京大学法学部

平成 8 年 4 月	大蔵省入省
平成14年 6 月	国税庁調査査察部査察課課長補佐
平成15年 7 月	国税庁長官官房総務課課長補佐
平成16年 7 月	金融庁監督局銀行第二課金融会社室課長補佐
平成17年 6 月	財務省大臣官房秘書課 兼 文書課課長補佐
平成19年 7 月	財務省主税局総務課課長補佐
平成20年 7 月	財務省主税局税制第一課課長補佐
平成22年 7 月	財務省主計局調査課課長補佐
平成23年 7 月	財務省主計局主計官補佐（内閣第一係、復興係）
平成24年 7 月	財務省主計局主計官補佐（経済産業第一、第二係）
平成25年 6 月	財務省主税局税制第一課課長補佐 兼 税制第一課長法令企画室長
平成27年 7 月	財務省主税局総務課長補佐 兼 税制企画室長
平成28年 6 月	米国大使館参事官
令和元年 7 月	財務省理財局国有財産調整課長
令和 2 年 7 月	財務省主計局主計官（農林水産係担当）
令和 3 年 7 月	環境省大臣官房環境経済課長

環境省大臣官房環境影響評価課長
Director of Environmental Impact Assessment Division

西　村　　　学（にしむら　まなぶ）

	九州地方環境事務所保全統括官 兼 那覇自然環境事務所長
平成29年11月	環境省自然環境局国立公園課国立公園利用推進室長
平成30年7月	環境省自然環境局総務課調査官
令和元年7月	奈良県景観・環境局次長 兼 農林部次長
令和3年7月	環境省大臣官房環境影響評価課長

環境省大臣官房環境影響評価課環境影響審査室長
Director of Office of Environmental Impact Assessment Review

木　野　修　宏（きの　のぶひろ）

昭和46年4月12日生．愛知県出身．A型
愛知県立一宮西高校，
東京大学工学部工業化学科（修士：超伝導工学専攻）

平成8年4月　　環境庁入庁
平成26年7月　　環境省地球環境局国際連携課国際協力室長
平成28年7月　　環境省地球環境局国際連携課国際地球温暖化対策室長
平成29年7月　　環境省地球環境局総務課低炭素社会推進室長
令和2年4月　　環境省地球環境局総務課脱炭素社会移行推進室長
令和2年7月　　環境省大臣官房環境影響評価課環境影響審査室長

環境省大臣官房地域脱炭素推進総括官

上 田 康 治（うえだ　やすはる）
昭和40年4月生.　広島県出身.
修道高校,　東京大学

平成元年	環境庁入庁
平成9年	外務省在米国日本大使館書記官
平成12年	環境庁長官官房総務課国会連絡調整官
平成13年	環境省総合環境政策局環境計画課課長補佐
平成14年7月	環境省自然環境局総務課課長補佐
平成15年8月	環境省廃棄物・リサイクル対策部企画課課長補佐
平成16年7月	環境省総合環境政策局総務課課長補佐
平成19年7月	環境省大臣官房総務課課長補佐
平成19年8月	環境大臣秘書官
平成20年8月	環境省廃棄物・リサイクル対策部リサイクル推進室長
平成22年8月	環境省地球環境局地球温暖化対策課市場メカニズム室長
平成24年7月	環境省環境保健部環境安全課長
平成25年7月	環境省総合環境政策局総務課長
平成28年7月	環境省自然環境局総務課長
平成29年7月	環境省大臣官房秘書課長
平成30年7月	環境省大臣官房審議官
令和2年7月	環境省大臣官房政策立案総括審議官（併）公文書監理官
令和3年7月	内閣官房内閣審議官
令和3年7月	環境省大臣官房地域脱炭素推進総括官

趣味　読書,　囲碁
学生時代の所属部　合気道部

環境省大臣官房環境計画課長

松　田　尚　之 （まつだ　たかゆき）

平成29年7月　環境省環境再生・資源循環局廃棄物適正処理推進課浄化
　　　　　　　槽推進室長
令和2年7月　環境省大臣官房環境計画課長

環境省大臣官房地域脱炭素政策調整官

松　下　雄　介 （まつした　ゆうすけ）

昭和46年10月26日生．静岡県出身．
静岡県立藤枝東高校，東京大学法学部，
コーネル大学公共政策大学院

平成 7 年 4 月	建設省入省（建設経済局総務課）
平成10年 7 月	米国コーネル大学公共政策大学院留学
平成22年 4 月	千葉県総合企画部参事（兼）政策企画課長
平成23年 4 月	国土交通省総合政策局建設市場整備課専門工事業高度化推進官
平成25年 4 月	国土交通省大臣官房総務課企画官（総合政策局）
平成26年 5 月	国土交通省土地・建設産業局建設市場整備課労働資材対策室長
平成27年 7 月	高松市副市長
令和元年 7 月	内閣官房日本経済再生総合事務局参事官
令和 2 年10月	内閣官房成長戦略会議事務局参事官
令和 3 年 7 月	環境省大臣官房地域脱炭素政策調整官

環境省大臣官房地域脱炭素事業推進調整官

近 藤 貴 幸（こんどう　たかゆき）

平成 8 年 4 月	自治省入省
平成25年 4 月	福島県企画調整部地域づくり次長
平成26年 4 月	福島県企画調整部長
平成28年 4 月	総務省消防庁地域防災室長
平成28年 8 月	地方創生担当大臣秘書官
平成29年 8 月	復興庁統括官付参事官付企画官
平成30年 8 月	復興庁統括官付参事官
令和 2 年 7 月	内閣府本府地方分権改革推進室参事官　併任　内閣府参事官（政策統括官（政策調整担当）付）併任　内閣官房内閣参事官（内閣官房副長官補付）
令和 3 年10月	内閣官房内閣参事官（内閣官房副長官補付）命　気候変動対策推進室参事官　併任　環境省大臣官房地域脱炭素事業推進調整官

**環境省大臣官房環境計画課地域循環共生圏推進室長 兼 地球環境局総務
課地球温暖化対策事業監理室長**

伊 藤 賢 利 （いとう　かつとし）

平成27年	環境省地球環境局地球温暖化対策課国民生活対策室長
令和 2 年 4 月	環境省地球環境局総務課地球温暖化対策事業監理室長
令和 3 年 4 月	環境省大臣官房環境計画課地域循環共生圏推進室長　兼
	地球環境局総務課地球温暖化対策事業監理室長

環境省地球環境局長
Director‐General, Global Environment
Bureau

小　野　　　洋（おの　ひろし）

平成20年7月　環境省地球環境局総務課研究調査室長
平成22年7月　環境省総合環境政策局環境影響評価課環境影響審査室長
平成24年4月　富山県理事
平成26年4月　環境省大臣官房総務課環境情報室長
平成26年7月　環境省水・大気環境局自動車環境対策課長
平成28年6月　環境省大臣官房廃棄物・リサイクル対策部企画課長
平成29年7月　環境省大臣官房審議官
令和元年7月　環境省水・大気環境局長
令和2年7月　環境省地球環境局長

環境省地球環境局総務課長
Director, Policy and Coordination Division

西　村　治　彦 （にしむら　はるひこ）

平成28年 4 月	環境省水・大気環境局中間貯蔵施設担当参事官
平成29年 7 月	環境省環境再生・資源循環局環境再生施設整備担当参事官
平成30年 4 月	環境省環境再生・資源循環局環境再生施設整備担当参事官（充）福島地方環境事務所中間貯蔵部長
平成30年 7 月	環境省大臣官房環境経済課長
令和 3 年 7 月	環境省地球環境局総務課長

環境省地球環境局総務課脱炭素社会移行推進室長

坂 口 芳 輝（さかぐち　よしてる）
東北大学大学院工学研究科土木工学専攻

平成 8 年 4 月	環境庁土壌農薬課
平成23年 7 月	環境省廃棄物対策課課長補佐
平成25年 7 月	関東地方環境事務所保全統括官
平成28年 7 月	岐阜県環境生活部次長
平成29年 4 月	岐阜県環境生活部部長
平成30年 4 月	環境省大臣官房環境影響評価課環境影響審査室長補佐
平成30年 7 月	環境省大臣官房環境影響評価課環境影響審査室長
令和 2 年 7 月	環境省地球環境局総務課脱炭素社会移行推進室長

環境省地球環境局総務課脱炭素化イノベーション研究調査室長
Director of Office of Global Environment and Decarbonizing
Innovation Research

河 村 玲 央 （かわむら　れお）

昭和52年7月4日生．長崎県出身．
早稲田大学政治経済学部

平成12年4月	環境庁入庁
平成17年7月	米国コロンビア大学国際公共政策大学院留学
平成23年7月	ＯＥＣＤ環境総局環境成果情報課出向
平成26年7月	財務省主計局文部科学第五係主査
平成29年7月	原子力規制庁長官官房総務課企画官（国会担当）
令和元年9月	環境大臣秘書官
令和2年9月	環境省自然環境局自然環境計画課生物多様性主流化室長
令和3年9月	環境省地球環境局総務課脱炭素化イノベーション研究調査室長

環境省地球環境局総務課気候変動適応室長
Director of Climate Change Adaptation
Office, Global Environment Bureau, Ministry
of the Environment

塚　田　源一郎（つかだ　げんいちろう）

昭和48年9月26日生．神奈川県出身．
巣鴨高等学校，東京大学工学部都市工学科

平成26年10月	環境省大臣官房廃棄物・リサイクル対策部企画課循環型社会推進室長補佐（インドネシア共和国環境省派遣）
平成29年8月	環境省環境再生・資源循環局企画官
令和元年8月	兵庫県農政環境部参事（公益財団法人地球環境研究戦略機関APNセンター長）
令和3年7月	環境省地球環境局総務課気候変動適応室長

環境省地球環境局地球温暖化対策課長
Director of Climate Change Policy Division

小笠原　　　靖（おがさわら　やすし）

昭和45年5月4日生．愛知県出身．
愛知県立岡崎高校，京都大学

平成7年4月	環境庁入庁
平成14年8月	ヨーロッパ環境政策研究所客員研究員
平成15年7月	環境省地球環境局地球温暖化対策課課長補佐
平成19年4月	環境省大臣官房廃棄物・リサイクル対策部リサイクル推進室総括補佐
平成20年7月	環境省総合環境政策局環境経済課総括補佐
平成22年8月	環境省総合環境政策局環境計画課総括補佐
平成23年7月	環境省総合環境政策局総務課総括補佐
平成24年10月	環境省大臣官房総務課総括補佐
平成26年9月	環境大臣秘書官
平成27年10月	環境省地球環境局地球温暖化対策課市場メカニズム室長
平成28年7月	環境省大臣官房総務課広報室長
平成29年7月	環境省環境再生・資源循環局総務課リサイクル推進室長（併）循環型社会推進室長
平成30年10月	内閣官房内閣参事官
令和2年7月	環境省地球環境局地球温暖化対策課長

環境省地球環境局地球温暖化対策課地球温暖化対策事業室長
Director, Climate Change Projects Office, Climate Change Policy
Division

加　藤　　　聖 （かとう　せい）

昭和50年12月5日生．宮城県出身．
東北大学,
東北大学大学院修了

平成12年4月　厚生省入省
平成29年10月　環境省地球環境局地球温暖化対策課地球温暖化対策事業
　　　　　　　企画官
令和2年7月　環境省地球環境局地球温暖化対策課地球温暖化対策事業
　　　　　　　室長

環境省地球環境局地球温暖化対策課脱炭素ビジネス推進室長

内 藤 冬 美 （ないとう　ふゆみ）

平成 9 年 4 月	環境庁入庁
平成19年 7 月	外務省在ジュネーブ国際機関日本政府代表部一等書記官
平成22年 7 月	環境省総合政策局環境経済課課長補佐
平成26年 4 月	環境省自然環境局総務課課長補佐
平成28年 7 月	環境省大臣官房総務課課長補佐
平成30年 8 月	環境省大臣官房総合政策課政策評価室長
令和 2 年 4 月	環境省地球環境局地球温暖化対策課脱炭素ビジネス推進室長（令和 2 年 1 月〜　環境大臣室）

環境省地球環境局地球温暖化対策課市場メカニズム室長
Director Market Mechanism Office

井 上 和 也（いのうえ　かずや）

	環境省大臣官房秘書課秘書官事務取扱　を経て
平成28年8月	環境省地球環境局総務課調査官
平成28年9月	原子力規制庁長官官房法規部門企画官
平成30年7月	環境省自然環境局国立公園課国立公園利用推進室長
令和元年7月	環境省地球環境局地球温暖化対策課市場メカニズム室長

環境省地球環境局地球温暖化対策課フロン対策室長（併）低炭素物流推進室長

豊　住　朝　子 (とよずみ　あさこ)

神奈川県出身.
東京工業大学工学部,
東京工業大学大学院総合理工学研究科

	環境省関東地方環境事務所保全統括官
平成30年7月	国土交通省自動車局環境政策課地球温暖化対策室長
令和2年4月	国土交通省自動車局安全・環境基準課環境基準室長
令和2年9月	環境省地球環境局地球温暖化対策課フロン対策室長（併）低炭素物流推進室長

環境省地球環境局地球温暖化対策課脱炭素ライフスタイル推進室長
Director, Decarbonized Lifestyle Promotion Office Global
Environment Bureau

岩　山　政　史（いわやま　まさし）

昭和42年 3 月30日生．北海道出身．O型
北海道函館市立函館東高等学校，北海道教育大学教育学部

平成元年 4 月	環境省大臣官房会計課
平成30年 4 月	国立研究開発法人国立環境研究所広報室長
平成31年 4 月	環境省中国四国地方環境事務所環境対策課長
令和 3 年 5 月	環境省地球環境局地球温暖化対策課脱炭素ライフスタイル推進室長

環境省地球環境局地球温暖化対策課事業監理官

寺 沢 直 樹 （てらさわ　なおき）

昭和50年 6 月 8 日生．秋田県出身．O型
秋田県立能代高校，東北大学，
東北大学大学院

平成12年 4 月	建設省入省
平成21年 4 月	国土交通省東北地方整備局道路部道路計画第一課長
平成23年 7 月	国土交通省道路局国道・防災課道路保全企画室課長補佐
平成26年 7 月	国土交通省大臣官房技術調査課課長補佐
平成27年 7 月	国土交通省近畿地方整備局和歌山河川国道事務所長
平成30年 8 月	国土交通省近畿地方整備局企画部企画調査官
令和 2 年 7 月	環境省地球環境局地球温暖化対策課事業監理官

環境省地球環境局国際連携課長

大 井 通 博（おおい　みちひろ）

昭和45年4月20日生．京都府出身．A型
峰山高校，京都大学理学部，
京都大学大学院理学研究科

平成7年4月	環境庁大気環境局大気規制課
平成15年7月	英国イーストアングリア大学留学
平成17年7月	環境省環境保健部化学物質審査官室長補佐
平成20年7月	経済協力開発機構（OECD）環境局出向
平成23年7月	環境省地球環境局国際地域温暖化対策室・地球環境問題交渉官
平成25年7月	環境省総合環境政策局環境保健部環境安全課課長補佐
平成26年7月	環境省地球環境局国際連携課国際地球温暖化対策室長
平成28年6月	環境省総合環境政策局環境影響評価課環境影響審査室長
平成30年7月	環境省地球環境局総務課研究調査室長（併）気候変動適応室長
平成31年4月	環境省地球環境局総務課脱炭素化イノベーション研究調査室長
令和元年7月	環境省地球環境局国際連携課長

学生時代の所属部　京大合唱団

環境省地球環境局国際連携課国際協力・環境イ
ンフラ戦略室長
Director, International Cooperation and
Sustainable Infrastructure office, Ministry of
the Environment

杉 本 留 三 （すぎもと　りゅうぞう）

昭和49年生．千葉県出身．
東京大学工学系研究科都市工学専攻

平成11年 4 月	環境庁入庁
平成13年 1 月	環境省環境管理局総務課ダイオキシン対策室
平成15年 7 月	経済産業省産業技術環境局研究開発課
平成17年 9 月	環境省総合環境政策局環境影響評価室
平成18年 6 月	米国　インディアナ大学に留学
平成20年 7 月	環境省廃棄物・リサイクル対策部リサイクル推進室室長補佐
平成21年12月	環境省地球環境局地球温暖化対策課課長補佐
平成24年 9 月	アジア開発銀行に出向
平成28年 7 月	環境省地球環境局国際連携課課長補佐
平成29年 7 月	環境省地球環境局国際連携課国際協力室長
平成30年 4 月	環境省地球環境局国際連携課国際協力・環境インフラ戦略室長

環境省地球環境局国際連携課国際地球温暖化対策担当参事官

水 谷 好 洋 （みずたに　よしひろ）

昭和45年11月2日生．大阪府出身．A型
大阪府立三国丘高校，京都大学，
京都大学大学院工学研究科（修士）

平成 9 年 4 月	厚生省入省
平成28年 7 月	環境省地球環境局国際連携課国際協力室長
平成29年 7 月	環境省地球環境局地球温暖化対策課地球温暖化対策事業室長
平成30年 7 月	ドイツ大使館参事官
令和 3 年 9 月	環境省地球環境局国際連携課国際地球温暖化対策担当参事官

環境省水・大気環境局長
Director-General, Environmental
Management Bureau

松　澤　　裕（まつざわ　ゆたか）
昭和39年生.
東京大学

平成元年	厚生省入省
平成27年10月	環境省地球環境局地球温暖化対策課長
平成30年7月	環境省大臣官房審議官
令和2年7月	環境省環境再生・資源循環局次長
令和3年7月	環境省水・大気環境局長

水・大気環境局

環境省水・大気環境局総務課長（併）自動車環境対策課長
Director, Policy and Coordination Division

飯　田　博　文（いいだ　ひろぶみ）

平成 5 年 4 月	通産省入省
平成18年 6 月	経済産業省製造産業局航空機武器宇宙産業課長補佐
平成21年10月	内閣官房副長官補室企画調査官（地球温暖化問題担当）
平成22年 7 月	在中国大使館経済部参事官
平成26年 7 月	経済産業省貿易経済協力局貿易振興課長
平成28年 6 月	経済産業省通商政策局通商機構部参事官（全体総括）
平成29年 7 月	在中国大使館経済部公使
令和 2 年 8 月	経済産業省大臣官房サイバー国際経済政策統括調整官（併）通商政策局通商戦略統括調整官
令和 3 年 7 月	環境省水・大気環境局総務課長（併）自動車環境対策課長

環境省水・大気環境局総務課調査官（併）環境管理技術室長
Senior Policy Coordinator, Policy and Coordination Division

鈴　木　延　昌 (すずき　のぶあつ)

昭和47年 2 月22日生．神奈川県出身．

平成 8 年 4 月	運輸省入省
平成20年 7 月	国土交通省自動車交通局技術安全部技術企画課先進技術推進官
平成23年 7 月	国土交通省自動車局環境政策課次世代自動車推進官
平成24年 4 月	独立行政法人交通安全環境所自動車審査部首席自動車審査官
平成26年 4 月	国土交通省中国運輸局鉄道部長
平成29年 4 月	国土交通省自動車局審査・リコール課不具合情報調査推進室長
平成30年 7 月	独立行政法人鉄道建設・運輸施設整備支援機構施設管理部長
令和 3 年 7 月	環境省水・大気環境局総務課調査官（併）環境管理技術室長

環境省水・大気環境局総務課越境大気汚染情報分析官

東　　幸　毅（あずま　こうき）

昭和37年5月24日生. 広島県出身.
京都大学工学部

昭和61年	厚生省入省
平成17年7月	環境省大臣官房廃棄物・リサイクル対策部企画課自動車リサイクル対策室長
平成18年7月	防衛施設庁施設部施設企画課環境対策室長
平成19年9月	防衛省地方協力局施設管理課環境対策室長
平成20年8月	厚生労働省健康局水道課水道計画指導室長
平成22年7月	独立行政法人水資源機構管理事業部次長
平成24年4月	独立行政法人水資源機構管理事業部長
平成25年7月	公益財団法人廃棄物・3R研究財団企画部統括研究員
平成26年7月	中間貯蔵・環境安全事業株式会社事業部長
平成26年12月	中間貯蔵・環境安全事業株式会社PCB処理事業部長
平成28年7月	公害等調整委員会事務局審査官
平成30年9月	国際派遣（カンボジア王国工業手工芸省）
令和3年4月	環境省水・大気環境局総務課越境大気汚染情報分析官

環境省水・大気環境局大気環境課長（併）大気生活環境室長
Director Air Environment Division

長　坂　雄　一（ながさか　ゆういち）

昭和40年生．東京都出身．
早稲田大学理工学部応用化学科，
早稲田大学大学院理工学研究科修士課程

平成 4 年 4 月	環境庁入庁
平成 4 年 4 月	環境庁水質保全局土壌農薬課
平成 5 年 5 月	環境庁企画調整局地球環境部企画課
平成 7 年 4 月	環境庁大気保全局企画課環境基準係長
平成 9 年 4 月	厚生省水道環境部リサイクル推進室リサイクル推進係長
平成10年 7 月	環境庁水質保全局水質管理課環境基準係長
平成11年 7 月	環境庁企画調整局環境保健部環境安全課保健専門官
平成13年 1 月	環境省総合環境政策局環境保健部環境安全課保健専門官
平成13年 9 月	環境省環境管理局水環境部土壌環境課課長補佐
平成15年 4 月	水産庁増殖推進部漁場資源課生態系保全室室長補佐
平成16年 4 月	環境省環境管理局大気環境課課長補佐
平成17年 7 月	財団法人地球環境センター事業部長
平成19年 7 月	環境省総合環境政策局環境影響審査室室長補佐 兼 審査官
平成21年 4 月	中国四国地方環境事務所高松事務所長
平成22年11月	環境省総合環境政策局総務課環境研究技術室長
平成23年 3 月	内閣府政策統括官（防災担当）付企画官 併任
平成23年 7 月	内閣府政策統括官（防災担当）付企画官 併任解除
平成25年 4 月	環境省総合環境政策局環境保健部環境安全課環境リスク評価室長
平成26年 7 月	厚生労働省健康局水道課水道水質管理官（健康局水道課水道水質管理室長 併任）
平成28年 7 月	富山県理事
平成30年10月	中間貯蔵・環境安全事業株式会社中間貯蔵事業部次長
令和元年 7 月	原子力規制庁長官官房監視情報課長
令和 2 年 7 月	環境省水・大気環境局大気環境課長
令和 3 年 7 月	大気生活環境室長に併任

環境省水・大気環境局水環境課長
Director, Water Environment Division

川　又　孝太郎 (かわまた　こうたろう)

平成24年 9 月	環境省地球環境局国際連携課国際協力室長
平成26年 7 月	環境省大臣官房廃棄物・リサイクル対策部産業廃棄物課
	適正処理・不法投棄対策室長
平成27年 9 月	ドイツ大使館参事官
平成30年 7 月	環境省大臣官房環境計画課長
令和 2 年 7 月	環境省環境再生・資源循環局参事官（環境再生事業担当）
令和 3 年10月	環境省水・大気環境局水環境課長

水・大気環境局

環境省水・大気環境局水環境課閉鎖性海域対策室長
Director, Office of Environmental
Management of Enclosed Coastal Seas

行 木 美 弥 （なめき　みみ）

北海道出身．A型
釧路湖陵高校，北海道大学工学部，
東京大学大学院新領域創生科学研究科博士修了（環境学），北海道大学大学院工学研究科衛生工学専攻修士修了、マサチューセッツ工科大学
Technology and Policy Program修士修了

平成 7 年 4 月　環境庁水質保全局水質管理課　平成14年　環境省総合環境政策局環境保健部環境安全課専門官　平成16年　環境省地球環境局地球温暖化対策課課長補佐　平成18年　外務省経済協力開発機構（OECD）日本政府代表部一等書記官　平成21年　環境省水・大気環境局総務課課長補佐　平成24年 4 月　慶應義塾大学環境情報学部環境情報学科准教授　平成27年 4 月　環境省水・大気環境局大気環境課大気生活環境室室長補佐　平成27年 8 月　環境省水・大気環境局大気環境課大気生活環境室長　平成29年 7 月　環境省大臣官房総合政策課環境研究技術室長　平成30年 7 月　国立環境研究所企画部次長・気候変動適応センター副センター長　令和 2 年 8 月　環境省水・大気環境局水環境課閉鎖性海域対策室長

主要著書　『地球とつながる暮らしのデザイン』（木楽舎、2016）、『ザ・環境学　緑の頭の作り方』（勁草書房、2014）、『改定 4 版　環境社会検定試験　eco検定公式テキスト』（東京商工会議所、2014）、『地球環境条約　生成・展開と国内実施』（有斐閣、2005）他
主要論文　「炭素強度の高い財の需給を対象とした気候変動対策：鉄鋼を事例として」（日本リスク研究学会誌　Vol.24.，No. 1 ，pp.41-48 2014）、「中国とインドにおける鉄鋼需給に関連する温室効果ガス排出の中長期予測──スクラップの利用可能性と限界──」（行木美弥・森口祐一　土木学会論文集G（環境），Vol 69, No. 6　II_205 ～II_215 2013）、「炭素集約度の高い財の需給に着目した温室効果ガス排出削減策の比較分析」（行木美弥・森口祐一・亀山康子　土木学会論文集G（環境），Vol.70.，No. 6 ，pp.II_227 -II_238 2014）
資格　茶道表千家教授職　　趣味　読書，旅行
学生時代の所属部　合唱部　　好きな言葉　一期一会
尊敬する人　両親

環境省水・大気環境局水環境課海洋環境室長
Director, Office of Marine Environment

山　下　　　信（やました　まこと）

昭和45年3月8日生．愛知県出身．
水産大学校製造学科

平成5年4月	農林水産省入省
平成13年4月	水産庁九州漁業調整事務所漁業監督課漁業監督指導官
平成13年10月	水産庁資源管理部管理課漁業監督指導官
平成14年4月	水産庁資源管理部管理課外国漁船取締企画官
平成15年4月	水産庁資源管理部管理課課長補佐
平成17年2月	在ロシア日本国大使館一等書記官
平成20年4月	水産庁漁政部企画課課長補佐
平成23年5月	農林水産省総合食料局流通課課長補佐
平成23年9月	農林水産省食料産業局食品小売サービス課課長補佐
平成26年4月	経済産業省資源エネルギー庁資源・燃料部鉱物資源課課長補佐
平成27年1月	水産庁増殖推進部研究指導課課長補佐
平成28年4月	水産庁漁政部加工流通課課長補佐
平成29年4月	石川県農林水産部次長 兼 水産課長
令和2年4月	環境省水・大気環境局水環境課海洋環境室長

環境省水・大気環境局水環境課海洋プラスチック汚染対策室長

中 島 慶 次 （なかしま　けいじ）

愛知県出身.
東京農工大学農学部

平成30年7月　環境省東北地方環境事務所統括自然保護企画官
令和2年4月　環境省水・大気環境局水環境課海洋プラスチック汚染対
　　　　　　　策室長

環境省水・大気環境局土壌環境課長（併）地下水・地盤環境室長

髙 澤 哲 也 (たかざわ　てつや)

昭和42年3月14日生. 埼玉県出身.
東北大学大学院

平成18年4月	環境省水・大気環境局土壌環境課長補佐
平成21年7月	環境省大臣官房廃棄物・リサイクル対策部産業廃棄物課長補佐
平成22年7月	環境省地球環境局環境保全対策課フロン等対策官（フロン等対策推進室長）
平成23年9月	環境省地球環境局地球温暖化対策課フロン等対策官（フロン等対策推進室長）
平成25年4月	環境省大臣官房廃棄物・リサイクル対策部廃棄物対策課浄化槽推進室長
平成26年7月	厚生労働省健康局水道課水道計画指導室長
平成27年10月	厚生労働省医薬・生活衛生局生活衛生・食品安全部水道課水道計画指導室長
平成28年4月	中間貯蔵・環境安全事業株式会社 中間貯蔵事業部次長
平成29年4月	環境省水・大気環境局大気環境課長（併）自動車環境対策課長
平成30年4月	環境省水・大気環境局大気環境課長（併）自動車環境対策課長（併）総務課ダイオキシン対策室長
平成30年10月	環境省水・大気環境局大気環境課長（併）総務課ダイオキシン対策室長
令和元年7月	内閣府科学技術・イノベーション推進事務局参事官（統合戦略、エネルギー・環境担当）
令和3年8月	環境省水・大気環境局土壌環境課長（併）地下水・地盤環境室長

環境省水・大気環境局土壌環境課農薬環境管理室長
Director of Agricultural Chemicals Control Office

伊 澤 　 航 （いざわ　わたる）

昭和49年 6 月15日生．神奈川県出身．B型
神奈川県立湘南高校，東京農工大学農学部，
東京農工大学大学院農学研究科修士課程

　　　　　　　　　農林水産省入省
平成29年 4 月　岡山市産業観光局審議監（農林水産担当）
平成30年 4 月　岡山市産業観光局農林水産部長
令和 2 年 4 月　農林水産省生産局農産部地域作物課生産専門官
令和 3 年 7 月　環境省水・大気環境局土壌環境課農薬環境管理室長

環境省自然環境局長
Director-General, Nature Conservation
Bureau

奥　田　直　久（おくだ　なおひさ）

昭和37年11月8日生.　東京都出身.
東京学芸大学付属高校, 東京大学農学部林学科（森林風致計画学専攻）

昭和61年4月	環境庁入庁（長官官房秘書課）自然保護局企画調整課
昭和61年10月	環境庁自然保護局保護管理課
昭和62年4月	環境庁中部山岳国立公園管理事務所
昭和64年1月	環境庁自然保護局計画課 兼 保護管理課
平成3年4月	環境庁自然保護局企画調整課自然ふれあい推進室
平成4年5月	環境基本法制準備室（併任）
平成6年4月	環境庁自然保護局野生生物課野生生物専門官
平成8年7月	環境庁自然保護局計画課計画調査専門官
平成8年10月	環境庁自然保護局計画課南極保全専門官
平成8年12月	人事院短期在外研究員（ニュージーランド自然保護庁派遣）
平成10年4月	環境庁自然保護局計画課審査官
平成11年2月	外務省在ケニア日本国大使館一等書記官 兼 対国連環境計画常駐副代表
平成14年3月	環境省自然保護局自然環境計画課課長補佐
平成17年7月	環境省地球環境局総務課調査官
平成19年5月	G8環境大臣会合等準備室長（併任）
平成20年7月	環境省九州地方環境事務所保全統括官 兼 那覇自然環境事務所長
平成23年7月	環境省自然環境局自然環境計画課生物多様性地球戦略企画室長
平成27年7月	環境省自然環境局野生生物課長
平成28年6月	環境省自然環境局自然環境計画課長
平成30年7月	環境省大臣官房サイバーセキュリティ・情報化審議官
令和2年7月	長崎税関長 兼 税関研修所長崎支所長
令和3年7月	環境省自然環境局長

環境省自然環境局総務課長

関 谷 毅 史 （せきや　たけし）

栃木県出身.

平成22年7月	環境省地球環境局地球温暖化対策課国際対策室長
平成22年10月	環境省地球環境局国際連携課国際地球温暖化対策室長
平成24年4月	環境省水・大気環境局総務課除染渉外広報室長
平成25年7月	環境省東北地方環境事務所福島環境再生事務所長
平成27年10月	環境省地球環境局総務課低炭素社会推進室長
平成28年6月	環境省地球環境局国際連携課長
平成29年7月	内閣官房内閣参事官
令和元年7月	環境省水・大気環境局総務課長（併）自動車環境対策課長
令和2年7月	環境省地球環境局総務課長
令和3年7月	環境省自然環境局総務課長

自然環境局

環境省自然環境局総務課調査官

長 田 　 啓 （おさだ　けい）

昭和46年9月6日生.
埼玉県立浦和高校，東京工業大学工学部社会工学科

　　　　　　　　　環境省佐渡自然保護官事務所首席自然保護官
　　　　　　　　　環境省自然環境局国立公園課課長補佐
　　　　　　　　　鹿児島県環境林務部自然保護課長　などを経て
平成29年8月　　環境省自然環境局自然環境計画課生物多様性主流化室長
平成30年7月　　環境省自然環境局総務課動物愛護管理室長
令和3年8月　　環境省自然環境局総務課調査官

環境省自然環境局総務課国民公園室長（併）新宿御苑管理事務所長

曽 宮 和 夫（そみや　かずお）

昭和43年3月15日生.　大分県出身.
大分県立佐伯鶴城高校,　広島大学総合科学部卒,
同大学院生物圏科学研究科博士課程前期修了

平成5年4月	環境庁入庁
平成27年5月	環境省自然環境局外来生物対策室長
平成30年7月	環境省自然環境局生物多様性センター長
令和2年8月	環境省大臣官房総合政策課環境研究技術室長
令和3年8月	環境省自然環境局総務課国民公園室長（併）新宿御苑管理事務所長

自然環境局

環境省自然環境局総務課動物愛護管理室長
Director, Office of Animal Welfare and Management

野　村　　　環（のむら　たまき）

昭和50年生.
千葉大学

平成11年 4 月	環境庁入庁
平成22年 7 月	環境省中部地方環境事務所国立公園・保全整備課長
平成28年 9 月	環境省福島地方環境事務所中間貯蔵部中間貯蔵施設整備推進課長
令和 3 年 8 月	環境省自然環境局総務課動物愛護管理室長

環境省自然環境局自然環境計画課長
Director of Biodiversity Policy Division

堀　上　　　勝（ほりかみ　まさる）

昭和40年 5 月 8 日生．東京都出身．
都立八王子東高校，日本大学

平成13年	環境省自然環境局自然環境計画課課長補佐
平成15年	環境省自然環境局野生生物課課長補佐
平成19年	鹿児島県環境保護課長
平成21年 7 月	環境省自然環境局総務課自然ふれあい推進室長
平成25年 6 月	環境省自然環境局自然環境計画課生物多様性施策推進室長
平成28年 4 月	環境省自然環境局総務課調査官
平成29年 7 月	環境省自然環境局野生生物課長
令和元年 7 月	環境省水・大気環境局土壌環境課長（併）地下水・地盤環境室長
令和 2 年 7 月	環境省大臣官房環境影響評価課長
令和 3 年 7 月	環境省自然環境局自然環境計画課長

自然環境局

環境省自然環境局自然環境計画課自然環境情報分析官
Senior Coordinator for Biodiversity Policy, Biodiversity Policy Division

秀 田 智 彦（ひでた　ともひこ）

昭和36年12月26日生．東京都出身．
東京農工大学農学部環境保護学科

昭和59年 4 月	環境庁入庁（長官官房秘書課）
昭和59年 4 月	環境庁自然保護局企画調整課自然環境調査室
昭和59年10月	環境庁自然保護局保護管理課
昭和60年 4 月	環境庁自然保護局十和田八幡平国立公園管理事務所
昭和61年 4 月	環境庁自然保護局知床国立公園羅臼管理官事務所
昭和63年 7 月	環境庁自然保護局日光国立公園尾瀬沼管理官事務所
平成 2 年11月	環境庁自然保護局日光国立公園管理事務所主査
平成 5 年 7 月	環境庁自然保護局国立公園課公園計画専門官
平成 7 年 4 月	環境庁自然保護局近畿地区国立公園・野生生物事務所公園保護科長、野生生物科長
平成 9 年 7 月	環境庁自然保護局中部地区国立公園・野生生物事務所公園保護科長、野生生物科長
平成11年 4 月	環境庁自然保護局北関東地区自然保護事務所次長
平成13年 4 月	環境省自然環境局九州地区自然保護事務所次長
平成15年 4 月	環境省自然環境局山陽四国地区自然保護事務所次長
平成17年10月	環境省自然環境局総務課課長補佐
平成17年12月	インドネシア共和国林業省森林保護・自然保全総局生物多様性保全アドバイザー
平成20年12月	環境省自然環境局自然環境計画課課長補佐
平成21年 4 月	環境省環境調査研修所次長
平成24年 8 月	復興庁参事官を併任
平成24年 9 月	環境省自然環境局野生生物課鳥獣保護業務室長（復興庁参事官 併任）
平成26年 7 月	環境省近畿地方環境事務所長
平成30年 7 月	環境省中部地方環境事務所長
令和 3 年 7 月	環境省自然環境局自然環境計画課自然環境情報分析官

環境省自然環境局自然環境計画課生物多様性戦略推進室長

中 澤 圭 一 （なかざわ　けいいち）

　　　　　　中間貯蔵・環境安全事業株式会社管理部次長
平成29年8月　環境省自然環境局自然環境計画課生物多様性戦略推進室長

環境省自然環境局自然環境計画課生物多様性主流化室長
Director, Office for Mainstreaming Biodiversity, Biodiversity Policy
Division, Nature Conservation Bureau, Ministry of the Environment

谷 貝 雄 三 （やがい　ゆうぞう）

昭和54年12月30日生．茨城県出身．O型
県立下妻第一高等学校，東京大学法学部，
チュレーン大学ロースクール、ジョージ・ワシントン大学ロースクール

平成14年 4 月	環境省入省
平成22年 7 月	環境省環境保健部企画課課長補佐
平成24年 8 月	環境省総合環境政策局環境計画課課長補佐
平成25年 9 月	環境省大臣官房秘書課秘書事務取扱
平成26年 9 月	環境省大臣官房廃棄物・リサイクル対策部循環型社会推進室（併）リサイクル推進室室長補佐
平成28年 7 月	北九州市環境局環境監視部長（併）企画調整局地方創生推進担当課長
平成30年 7 月	環境省大臣官房総務課環境情報室長（併）危機管理室長
令和 3 年 7 月	環境省自然環境局自然環境計画課生物多様性主流化室長

資格　NY Bar合格
趣味　ランニング

環境省自然環境局国立公園課長
Director, National Park Division, Nature Conservation Bureau

熊 倉 基 之 (くまくら　もとゆき)

昭和45年11月27日生．東京都出身．
東京都立戸山高校，早稲田大学政治経済学部

平成 6 年 4 月	環境庁入庁
平成18年 9 月	滋賀県琵琶湖環境部自然環境保全課長
平成20年 7 月	環境省地球環境局総務課課長補佐
平成22年 7 月	環境省自然環境局総務課課長補佐
平成24年 8 月	内閣官房原子力安全規制組織等改革準備室企画官
平成24年 9 月	原子力規制庁政策評価・広聴広報課企画官
平成25年 7 月	環境省地球環境局地球温暖化対策課フロン等対策官（フロン等対策推進室長）（併）市場メカニズム室長
平成27年 4 月	環境省地球環境局地球温暖化対策課フロン対策室長
平成27年 7 月	環境省大臣官房廃棄物・リサイクル対策部廃棄物対策課浄化槽推進室長
平成28年 6 月	環境省大臣官房廃棄物・リサイクル対策部廃棄物対策課災害廃棄物対策室長
平成29年 7 月	環境省大臣官房環境影響評価課長
令和元年 7 月	環境省自然環境局国立公園課長

自
然
環
境
局

環境省自然環境局国立公園課国立公園利用推進室長（併）環境再生・資
源循環局総務課循環型社会推進企画官

岡　野　隆　宏（おかの　たかひろ）

平成9年4月　　環境庁入庁
令和2年7月　　環境省自然環境局自然環境整備課温泉地保護利用推進室長
令和3年7月　　環境省自然環境局国立公園課国立公園利用推進室長（併）
　　　　　　　　環境再生・資源循環局総務課循環型社会推進企画官

環境省自然環境局自然環境整備課長

佐　藤　邦　雄 （さとう　くにお）

昭和38年 6 月 9 日生．埼玉県出身．
埼玉県立川口北高等学校

昭和57年 4 月	環境庁入庁
平成26年 5 月	環境省総合環境政策局環境計画課課長補佐
平成27年 4 月	環境省水・大気環境局総務課課長補佐
平成29年 4 月	環境省大臣官房秘書課長補佐
令和元年 7 月	環境省大臣官房秘書課地方環境室長
令和 3 年 4 月	環境省自然環境局自然環境整備課長

環境省自然環境局自然環境整備課温泉地保護利用推進室長

北 橋 義 明（きたはし　よしあき）

昭和48年10月6日生．大阪府出身．
大阪府立四条畷高校，
北海道大学大学院農学専攻

平成10年4月　環境庁（当時）入庁
平成21年4月　東北地方環境事務所国立公園課長
平成23年7月　十和田自然保護官事務所長
平成25年4月　九州地方環境事務所国立公園課長
平成29年5月　日光国立公園管理事務所長
平成30年7月　環境省自然環境局野生生物課外来生物対策室長
令和3年7月　環境省自然環境局自然環境整備課温泉地保護利用推進室長

趣味　登山，スキー，釣り，自転車
学生時代の所属部　北大歩く会

環境省自然環境局野生生物課長
Director of Wildlife Division

則　久　雅　司 (のりひさ　まさし)

昭和42年4月26日生．香川県出身．
香川県大手前高等学校，東京大学農学部，
東京大学大学院農学系研究科

平成 4 年 4 月	環境庁入庁
平成13年 1 月	環境省自然環境局自然環境計画課調整専門官
平成17年10月	環境省自然環境局国立公園課課長補佐
平成20年 7 月	環境省釧路自然環境事務所統括自然保護企画官
平成23年 7 月	鹿児島県環境林務部自然保護課長
平成26年 4 月	鹿児島県環境林務部参事 兼 自然保護課長
平成27年 4 月	環境省自然環境局自然環境計画課課長補佐
平成27年 7 月	環境省自然環境局総務課動物愛護管理室長
平成30年 7 月	環境省環境再生・資源循環局参事官
令和 3 年 8 月	環境省自然環境局野生生物課長

環境省自然環境局野生生物課鳥獣保護管理室長

東　岡　礼　治 （ひがしおか　れいじ）

筑波大学大学院修士課程環境科学研究科

平成29年11月　九州地方環境事務所保全統括官　併任　那覇自然環境事務
　　　　　　　　所長（現在：沖縄奄美自然環境事務所長）
令和3年8月　　環境省自然環境局野生生物課鳥獣保護管理室長

環境省自然環境局野生生物課希少種保全推進室長

山 本 麻 衣（やまもと　まい）

山口県出身.
山口県立徳山高校，東京大学農学部

平成 7 年 4 月	環境庁入省
	環境省自然環境局野生生物課課長補佐、環境省自然環境局自然環境計画課課長補佐、長崎県自然環境課長などを経て
平成29年 4 月	環境省自然環境局自然環境整備課温泉地保護利用推進室長
令和 2 年 7 月	環境省自然環境局野生生物課希少種保全推進室長

自
然
環
境
局

環境省自然環境局野生生物課外来生物対策室長
Director, Office for Alien Species Management, Nature Conservation
Bureau, Ministry of the Environment

大 林 圭 司 （おおばやし けいじ）

昭和49年 2 月18日生． 愛知県出身．
愛知県立岡崎高校,
東京大学大学院農学生命科学研究科

平成11年 4 月　環境庁入庁
平成30年 4 月　環境省北海道地方環境事務所統括自然保護企画官
令和 3 年 7 月　環境省自然環境局野生生物課外来生物対策室長

環境省自然環境局皇居外苑管理事務所長
Director, kokyogaien National Garden Office

中 村 邦 彦 (なかむら　くにひこ)

東京都出身.
専修大学

平成30年4月　環境省大臣官房会計課監査指導室長
令和2年4月　独立行政法人環境再生保全機構補償業務部長
令和3年4月　環境省自然環境局皇居外苑管理事務所長

自
然
環
境
局

環境省自然環境局京都御苑管理事務所長
Director, Kyoto Gyoen National Garden Office

酒 向 貴 子 （さこう　たかこ）

岐阜県出身.
信州大学大学院

令和3年8月　環境省自然環境局京都御苑管理事務所長

環境省自然環境局新宿御苑管理事務所長（併）総務課国民公園室長
Director, Shinjuku Gyoen National Garden Management Office

曽　宮　和　夫 （そみや　かずお）

昭和43年 3 月15日生．大分県出身．
大分県立佐伯鶴城高校，広島大学総合科学部卒，
同大学院生物圏科学研究科博士課程前期修了

平成 5 年 4 月　環境庁入庁
平成27年 5 月　環境省自然環境局外来生物対策室長
平成30年 7 月　環境省自然環境局生物多様性センター長
令和 2 年 8 月　環境省大臣官房総合政策課環境研究技術室長
令和 3 年 8 月　環境省自然環境局新宿御苑管理事務所長（併）総務課国
　　　　　　　　民公園室長

自
然
環
境
局

環境省自然環境局生物多様性センター長
Director of Biodiversity Center of Japan

松 本 英 昭 (まつもと　ひであき)

昭和46年生．鳥取県出身．
鳥取県立米子東高等学校，東北大学理学部，
岐阜大学大学院

平成 9 年　　　　環境省入庁
令和 2 年 8 月　環境省自然環境局生物多様性センター長

学生時代の所属部　囲碁部

環境省環境再生・資源循環局長
Director-General, Environment Regeneration and Material Cycles
Bureau

室 石 泰 弘 (むろいし　やすひろ)

昭和37年1月26日生．石川県出身．
東京大学工学部都市工学科，
東京大学大学院工学系研究科修士課程修了

平成23年4月	環境省地球環境局地球温暖化対策課長
平成24年9月	原子力規制庁監視情報課長
平成26年3月	環境省大臣官房廃棄物・リサイクル対策部指定廃棄物対策担当参事官
平成28年6月	環境省大臣官房審議官
平成30年4月	環境省福島地方環境事務所長
令和3年7月	環境省環境再生・資源循環局長

環境再生・資源循環局

環境省環境再生・資源循環局次長

Deputy Director-General, Environment Regeneration and Material
Cycles Bureau

土　居　健太郎 （どい　けんたろう）

平成 2 年 4 月　厚生省入省
平成20年 8 月　環境省大臣官房廃棄物・リサイクル対策部産業廃棄物課
　　　　　　　　課長補佐
平成21年 7 月　環境省水・大気環境局大気環境課大気環境生活室長
平成22年10月　環境省地球環境局総務課低炭素社会推進室長
平成26年 7 月　環境省地球環境局地球温暖化対策課長
平成27年10月　環境省東北地方環境事務所福島環境再生事務所長
平成29年 7 月　環境省福島地方環境事務所長
平成30年 4 月　環境省環境再生・資源循環局総務課長
令和 2 年 7 月　環境省大臣官房審議官
令和 3 年 7 月　環境省環境再生・資源循環局次長

環境省環境再生・資源循環局総務課長
Director, Policy and Coordination Division, Environment
Regeneration and Material Cycles Bureau

奥 山 祐 矢 (おくやま　まさや)
東京都出身.

平成 5 年 4 月	環境庁入庁
平成24年10月	環境省地球環境局地球温暖化対策課市場メカニズム室長
平成25年 7 月	原子力規制庁政策評価・広聴広報課広報室長
平成26年 3 月	原子力規制庁総務課広報室長
平成27年 8 月	環境省総合環境政策局環境経済課長
平成29年 7 月	環境省大臣官房環境経済課長
平成30年 7 月	環境省地球環境局地球温暖化対策課長
令和 2 年 8 月	環境省自然環境局総務課長
令和 3 年 7 月	環境省環境再生・資源循環局総務課長

環境再生・
資源循環局

環境省環境再生・資源循環局総務課リサイクル推進室長（併）循環型社
会推進室長
Director, Office for Recycling Promotion and Office for Promotion of
Sound Material-Cycle Society

平 尾 禎 秀 （ひらお　よしひで）

昭和52年2月26日生．香川県出身．
高松高校，東京大学法学部，
ニューヨーク大学法科大学院、ペース大学法科大学院

平成11年4月	環境庁長官官房秘書課
平成18年7月	環境省水・大気環境局総務課審査官
平成19年7月	環境省大臣官房廃棄物・リサイクル対策部企画課リサイクル推進室室長補佐
平成21年9月	環境省大臣官房秘書課課長補佐 併任：大臣官房秘書課副大臣秘書事務取扱　期間：H21.9～H22.9
平成22年9月	環境省地球環境局地球温暖化対策課市場メカニズム室室長補佐
平成24年7月	環境省水・大気環境局放射性物質汚染対策担当参事官室参事官補佐
平成26年7月	環境省大臣官房秘書課課長補佐 外務省欧州連合日本政府代表部一等書記官
平成29年7月	環境省環境再生・資源循環局総務課課長補佐
平成30年8月	環境省地球環境局総務課課長補佐
平成30年10月	環境省大臣官房秘書課秘書官事務取扱
令和元年9月	環境省大臣官房総務課広報室長
令和2年8月	環境省環境再生・資源循環局総務課リサイクル推進室長（併）循環型社会推進室長

環境省環境再生・資源循環局廃棄物適正処理推進課長
Director, Waste Management Division

筒　井　誠　二 （つつい　せいじ）

昭和44年生．東京都出身．
北海道大学，
北海道大学大学院（修士）修了

平成 6 年 4 月	厚生省入省
平成26年 9 月	環境省水・大気環境局総務課除染渉外広報室長
平成27年 8 月	環境省大臣官房廃棄物・リサイクル対策部産業廃棄物課 適正処理・不法投棄対策室長
平成29年 7 月	兵庫県農政環境部参事
令和元年 8 月	環境省水・大気環境局水環境課長
令和 3 年10月	環境省環境再生・資源循環局廃棄物適正処理推進課長

環境再生・資源循環局

環境省環境再生・資源循環局廃棄物適正処理推進課浄化槽推進室長
Director, Office for Promotion of Johkasou, Waste Management
Division Environmental Regeneration and Material Cycles Bureau,
Ministry of the Environment, Government of Japan

山 本 泰 生 (やまもと　やすお)

平成13年 4 月　入省
平成30年 8 月　環境再生・資源循環局総務課課長補佐
令和元年 7 月　自然環境局自然環境計画課生物多様性主流化室長
令和 2 年 9 月　環境再生・資源循環局廃棄物適正処理推進課浄化槽推進
　　　　　　　室長

環境省環境再生・資源循環局廃棄物適正処理推進課放射性物質汚染廃棄
物対策室長

大　倉　紀　彰 （おおくら　のりあき）

平成10年４月	環境庁入庁
平成29年８月	横浜市温暖化対策統括本部企画調整部担当部長
令和元年７月	環境省環境再生・資源循環局企画官（併）除染業務室長
令和２年９月	気候エネルギーソリューションセンター客員研究員
令和３年７月	環境省環境再生・資源循環局廃棄物適正処理推進課放射性物質汚染廃棄物対策室長（併）大臣官房総合政策課企画評価・政策プロモーション室政策評価企画官

環境再生・
資源循環局

環境省環境再生・資源循環局廃棄物規制課長（併）不法投棄原状回復事
業対策室長（併）ポリ塩化ビフェニル廃棄物処理推進室長

神 谷 洋 一（かみや　よういち）

令和2年7月　環境省環境再生・資源循環局廃棄物規制課長（併）不法
　　　　　　　投棄原状回復事業対策室長（併）ポリ塩化ビフェニル廃
　　　　　　　棄物処理推進室長

環境省環境再生・資源循環局廃棄物規制課越境移動情報分析官

福　田　宏　之 （ふくだ　ひろゆき）

昭和63年４月　厚生省入省（生活衛生局水道環境部水道整備課）
平成25年４月　厚生労働省健康局水道課水道計画指導室長
平成29年４月　国立研究開発法人国立環境研究所環境情報部長
令和２年４月　環境再生保全機構上席審議役 兼 環境研究総合推進部長
令和３年７月　環境省環境再生・資源循環局廃棄物規制課越境移動情報
　　　　　　　分析官

環境省環境再生・資源循環局参事官（総括）

新井田　　浩（にいだ　ひろし）

平成 4 年 4 月	建設省入省
平成23年 6 月	国土交通省河川局防災課水防企画官
平成23年 7 月	国土交通省水管理・国土保全局防災課水防企画官
平成24年 4 月	国土交通省水管理・国土保全局防災課災害対策調整官
平成25年 4 月	埼玉県県土整備部参事
平成27年 4 月	独立行政法人水資源機構ダム事業本部ダム事業部担当課長
平成29年 4 月	青森県県土整備部理事
平成31年 4 月	青森県県土整備部長
令和 2 年 4 月	国土交通省北陸地方整備局河川部長
令和 3 年 8 月	環境省環境再生・資源循環局参事官（総括）

環境省環境再生・資源循環局参事官（特定廃棄物対策）

番 匠 克 二 （ばんしょう　かつじ）

昭和43年10月10日生．兵庫県出身．
東京大学,
東京大学大学院農学系研究科

平成 5 年 4 月	環境庁入庁
平成20年 4 月	環境省関東地方環境事務所日光自然環境事務所長
平成23年 7 月	環境省自然環境局自然環境整備担当参事官室参事官補佐
平成26年 7 月	環境省北海道地方環境事務所統括自然保護企画官
平成28年 4 月	環境省自然環境局野生生物課希少種保全推進室長
令和元年 7 月	環境省自然環境局総務課調査官
令和 3 年 8 月	環境省環境再生・資源循環局参事官（特定廃棄物対策）

環境省環境再生・資源循環局環境再生事業担当参事官

馬　場　康　弘 (ばば　やすひろ)

	東北地方環境事務所福島環境再生事務所調整官　を経て
平成28年4月	環境省地球環境局地球温暖化対策課フロン対策室長
令和元年8月	環境省環境再生・資源循環局企画官
令和3年10月	環境省環境再生・資源循環局環境再生事業担当参事官

環境省環境再生・資源循環局参事官（中間貯蔵）

鮎 川 智 一（あゆかわ　ともかず）

	環境省地球環境局総務課課長補佐　を経て
平成24年 9 月	原子力規制庁総務課企画調査官
平成26年 7 月	環境省大臣官房廃棄物・リサイクル対策部廃棄物対策課浄化槽推進室長
平成27年 7 月	環境省地球環境局地球温暖化対策課フロン対策室長
平成28年 7 月	環境省大臣官房総務課政策評価室長（併）環境情報室長
平成29年 7 月	環境省地球環境局地球温暖化対策課市場メカニズム室長
令和元年 7 月	環境省大臣官房環境影響評価課長
令和 2 年 7 月	環境省環境再生・資源循環局廃棄物規制課参事官（中間貯蔵）

環境再生・
資源循環局

環境省環境再生・資源循環局企画官（併）福島再生・未来志向プロジェ
クト推進室長

布 田 洋 史 (ぬのた　ひろし)

昭和50年12月16日生．北海道出身．O型
苫小牧工業高等専門学校，北海道大学

平成11年4月　科学技術庁原子力安全課
平成24年9月　原子力規制庁安全規制管理官付
平成29年7月　原子力規制庁原子力規制部検査監督総括課検査評価室長
令和3年10月　環境省環境再生・資源循環局企画官（併）福島再生・未
　　　　　　　来志向プロジェクト推進室長

環境省環境再生・資源循環局企画官

中 野 哲 哉 (なかの　てつや)

昭和47年9月5日生．北海道出身．
北海道旭川東高等学校，北海道大学

平成 8 年 4 月	北海道庁入庁
平成18年 4 月	環境省水・大気環境局総務課ダイオキシン対策室排出削減係長
平成22年 7 月	環境省水・大気環境局大気環境課大気生活環境室室長補佐
平成24年 1 月	環境省水・大気環境局総務課課長補佐
平成26年 1 月	環境省大臣官房廃棄物・リサイクル対策部産業廃棄物課課長補佐
平成28年 7 月	東北地方環境事務所保全統括官
平成30年 7 月	環境省水・大気環境局総務課長補佐
令和元年 5 月	環境省水・大気環境局水環境課閉鎖性海域対策室長
令和 2 年 8 月	環境省環境再生・資源循環局企画官（併）除染業務室長
令和 3 年 4 月	環境省環境再生・資源循環局企画官（併）福島再生・未来志向プロジェクト推進室長
令和 3 年 7 月	復興庁統括官付参事官付企画官（併任）
令和 3 年 9 月	免 兼 福島再生・未来志向プロジェクト推進室長
平成 3 年10月	環境省環境再生・資源循環局企画官

環
境
再
生
・
資
源
循
環
局

●原子力規制庁

原子力規制委員会委員長
Chairman, NRA

更 田 豊 志（ふけた　とよし）

昭和32年7月生．茨城県出身．O型
駒場東邦高校，東京工業大学,
東京工業大学大学院理工学研究科博士課程修了

昭和62年3月　東京工業大学大学院理工学研究科博士課程修了，工学博士
昭和62年4月　日本原子力研究所入所
平成13年4月　日本原子力研究所企画室調査役
平成15年4月　日本原子力研究所安全性試験研究センター原子炉安全工
　　　　　　　学部燃料安全研究室長
平成17年10月　独立行政法人日本原子力研究開発機構安全研究センター
　　　　　　　原子炉安全研究ユニット長
平成22年4月　独立行政法人日本原子力研究開発機構安全研究センター
　　　　　　　副センター長
平成24年4月　独立行政法人日本原子力研究開発機構原子力基礎工学研
　　　　　　　究部門副部門長
平成24年9月　原子力規制委員会委員
平成26年9月　原子力規制委員会委員長代理
平成29年9月　原子力規制委員会委員長

原子力規制委員会

原子力規制委員会委員
Commissioner, NRA

田　中　　　知（たなか　さとる）

昭和25年3月生.
東京大学大学院工学系研究科博士課程修了

昭和52年12月　東京大学工学部助手（原子力工学）
昭和56年10月　東京大学工学部助教授（工学部付属原子力工学研究施
　　　　　　　　設・茨城県東海村）
平成6年2月　東京大学大学院工学系研究科教授（システム量子工学専
　　　　　　　　攻）
平成20年4月　東京大学大学院工学系研究科教授（原子力国際専攻）
平成26年9月　原子力規制委員会委員
平成27年6月　東京大学名誉教授

原子力規制委員会委員
Commissioner, NRA

山　中　伸　介 （やまなか　しんすけ）

昭和30年12月生．兵庫県出身．
大阪大学，
大阪大学大学院

昭和58年6月　　大阪大学工学部助手
平成6年12月　　大阪大学工学部助教授
平成10年5月　　大阪大学大学院工学研究科教授
平成22年4月　　大阪大学大学院工学研究科附属フロンティア研究センター長
平成28年4月　　大阪大学大学院工学研究科附属オープンイノベーション
　　　　　　　　教育研究センター長
平成28年8月　　大阪大学理事・副学長
平成29年8月～9月　大阪大学大学院工学研究科教授
平成29年9月　　原子力規制委員会委員

原子力規制委員会委員
Commissioner, NRA

伴　　信　彦（ばん　のぶひこ）

昭和38年 7 月12日生.
東京大学,
東京大学大学院

昭和63年	動力炉・核燃料開発事業団
平成 5 年	東京大学助手
平成10年	大分県立看護科学大学講師
平成16年	大分県立看護科学大学助教授
平成19年	大分県立看護科学大学准教授
平成23年	東京医療保健大学教授
平成27年 9 月	原子力規制委員会委員

原子力規制委員会委員
Commissioner, NRA

石　渡　　明（いしわたり　あきら）

昭和28年4月生．神奈川県出身．
東京都立神代高校，横浜国立大学，金沢大学大学院，
東京大学大学院理学系研究科博士課程修了（地質学）

昭和57年4月	パリ第6大学構造地質学科助手
昭和61年1月	金沢大学理学部助手
平成4年6月	金沢大学理学部助教授
平成15年7月	金沢大学理学部教授
平成20年4月	東北大学東北アジア研究センター教授（基礎研究部門地球化学研究分野）
平成26年9月	原子力規制委員会委員

主要著書　『東北アジア大地のつながり』（共著、2011年東北大学出版会）、『火成作用（フィールドジオロジー 8）』（共著、2012年共立出版）、『Q&A火山噴火127の疑問』（日本火山学会編、共著、2015年講談社ブルーバックス）、『鉱物・宝石の科学辞典』（共著、2019年朝倉書店）
主要論文　「宮城県北部、石越安山岩の地質・岩石学的特徴とマグマプロセス」岩石鉱物科学44、155-170（共著、2015年）、「阿武隈変成帯中に露出する沈み込み帯域オフィオライト断片の岩石学」岩石鉱物科学44、239-255（共著、2015年）、「兵庫県川西市の超丹波帯から蛇紋岩礫の発見："舞鶴島弧"と大江山オフィオライトとの関係」地質学雑誌121、391-401（共著、2015年）、「岡山県赤磐市の海底岩石（夜久野オフィオライト）」地質技術7、11-16（単著、2017年）

原子力規制庁長官

荻 野　　徹 (おぎの　とおる)

昭和33年 5 月27日生．栃木県出身．
東京大学（法）

昭和61年 8 月	広島県警刑事部捜査第 2 課長
平成 2 年 8 月	警視庁目黒署長
平成 6 年 4 月	福井県警警務部長
平成 8 年12月	行政改革会議事務局
平成10年 7 月	内閣法制局参事官
平成12年 8 月	警察庁官房総務課企画官
平成14年 8 月	警視庁第 1 方面本部長
平成17年 8 月	内閣官房内閣参事官（内閣官房副長官補付）
平成19年 8 月	警察庁国家公安委員会会務官
平成21年 3 月	熊本県警本部長
平成22年 9 月	内閣官房内閣総務官室内閣審議官
平成24年 5 月	茨城県警本部長
平成25年10月	警察大学校副校長兼警察庁官房審議官（刑事局担当）
平成26年 4 月	警察大学校副校長兼警察庁官房審議官（刑事局・犯罪収益対策担当）
平成27年 1 月	警察大学校校長
平成27年 7 月	原子力規制庁次長（兼）原子力安全人材育成センター所長
令和元年 7 月	原子力規制庁長官

**原子力規制庁次長（兼）原子力安全人材育成セ
ンター所長**
Deputy Secretary-General

片　山　　啓 （かたやま　ひろむ）

昭和37年7月8日生．大阪府出身．O型
国立奈良女子大学附属高校，京都大学経済学部経済学科

昭和60年4月	通商産業省入省
平成13年7月	内閣府地方分権改革推進会議事務局企画調整官
平成16年6月	経済産業省産業技術環境局認証課長
平成17年7月	経済産業省資源エネルギー庁電力・ガス事業部電力市場整備課長
平成20年7月	内閣官房副長官補付内閣参事官
平成22年4月	経済産業省経済産業政策局調査課長
平成22年7月	経済産業省原子力安全・保安院企画調整課長
平成24年9月	原子力規制庁総務課長
平成25年7月	独立行政法人原子力安全基盤機構総括参事
平成25年10月	独立行政法人原子力安全基盤機構理事
平成26年3月	原子力規制庁長官官房審議官
平成26年3月	原子力規制庁長官官房核物質・放射線総括審議官
令和元年7月	原子力規制庁次長（兼）原子力安全人材育成センター所長

原子力規制庁

原子力規制庁原子力規制技監（兼）長官官房制
度改正審議室長

櫻 田 道 夫 (さくらだ　みちお)

東京大学工学部原子力工学科

昭和58年4月	通商産業省入省
平成10年6月	資源エネルギー庁公益事業部原子力発電安全企画審査課原子力発電安全企画官
平成13年1月	経済産業省原子力安全・保安院新型炉等規制課総括安全審査官
平成13年6月	経済産業省大臣官房企画課企画官（併）相互承認推進室長（併）基準認証国際チーム長
平成16年7月	経済産業省資源エネルギー庁電力・ガス事業部核燃料サイクル産業課長
平成18年7月	経済産業省産業技術環境局基準認証政策課長
平成19年7月	経済産業省原子力安全・保安院電力安全課長
平成23年5月	経済産業省大臣官房審議官（原子力防災担当）
平成23年8月	内閣官房原子力安全規制組織等改革準備室副室長
平成24年9月	原子力規制庁長官官房審議官
平成26年3月	原子力規制庁原子力規制部長
平成29年1月	原子力規制庁官房技術総括審議官
平成29年4月	原子力規制庁原子力規制技監 長官官房制度改正審議室長を兼任

原子力規制庁長官官房核物質・放射線総括審議官
Director-General for Radiation Protection Strategy and Security

佐　藤　　　曉（さとう　ぎょう）

昭和38年6月5日生．福岡県出身．O型
福岡県立修猷館高校，京都大学工学部原子核工学科，
京都大学大学院工学研究科

平成2年4月	通商産業省入省（資源エネルギー庁原子力発電安全管理課）
平成3年5月	機械情報産業局産業機械課
平成5年4月	環境立地局立地政策課
平成6年5月	科学技術庁原子力調査室
平成8年5月	資源エネルギー庁業務課
平成10年7月	カルフォルニア州立大学
平成11年6月	工業技術院エネルギー技術研究開発課
平成13年1月	経済産業省資源エネルギー庁原子力政策課
平成16年5月	経済産業省製造産業局産業機械課
平成18年6月	経済産業省原子力安全・保安院統括原子力保安検査官
平成20年5月	経済産業省原子力安全・保安院電力安全課電気保安室長
平成20年11月	経済産業省原子力安全・保安院企画調整課制度審議室長（併）
平成24年5月	経済産業省原子力安全・保安院原子力安全広報課長
平成24年6月	経済産業省原子力安全・保安院原子力安全特別調査課長（併）
平成24年9月	原子力規制庁政策評価・広聴広報課長
平成26年3月	原子力規制庁原子力規制部原子力規制企画課長
平成28年6月	原子力規制庁長官官房原子力災害対策・核物質防護課長
平成29年7月	原子力規制庁長官官房放射線防護企画課長
令和元年7月	原子力規制庁長官官房審議官（併）内閣府大臣官房審議官（原子力防災担当）
令和3年7月	原子力規制庁長官官房核物質・放射線総括審議官

原子力規制庁

原子力規制庁長官官房緊急事態対策監
Director-General for Nuclear Regulation Policy

金 子 修 一（かねこ　しゅういち）

昭和40年11月15日生．神奈川県出身．AB型
神奈川県立光陵高校，東京工業大学工学部無機材料工学科，東京工業大学理工学研究科無機材料工学専攻，オレゴン大学計画・公共政策・管理学科地域計画学修士

平成 2 年 4 月	通商産業省入省（基礎産業局総務課）
平成 3 年 6 月	基礎産業局基礎化学品課
平成 4 年 7 月	機械情報産業局情報処理振興課
平成 6 年 6 月	産業政策局総務課
平成 7 年 6 月	産業政策局産業構造課
平成 8 年 6 月	環境立地局立地政策課
平成10年 6 月	米国留学（オレゴン大学）
平成12年 6 月	大臣官房秘書課
平成12年 9 月	機械情報産業局産業機械課
平成14年 4 月	経済産業省資源エネルギー庁電力・ガス事業部電力基盤整備課
平成16年 6 月	経済産業省原子力安全・保安院企画調整課
平成17年 6 月	経済産業省大臣官房秘書課
平成18年 7 月	経済産業省大臣官房秘書課企画調査官
平成19年 4 月	山口県警察本部警務部長
平成21年 7 月	経済産業省製造産業局航空機武器宇宙産業課宇宙産業室長
平成23年 8 月	内閣官房原子力安全規制組織等改革準備室参事官
平成24年 7 月	経済産業省原子力安全・保安院原子力防災課長（兼）内閣官房原子力安全規制組織等改革準備室参事官
平成24年 9 月	原子力規制庁原子力防災課長
平成26年10月	原子力規制庁長官官房人事課長
平成28年 6 月	原子力規制庁長官官房総務課制度改正審議室統括調整官
平成29年 7 月	原子力規制庁原子力規制部検査監督総括課長（兼）長官官房緊急事案対策室長
令和元年 7 月	原子力規制庁長官官房審議官
令和 3 年 7 月	原子力規制庁長官官房緊急事態対策監

原子力規制庁長官官房審議官（大臣官房担当）
Director-General for Nuclear Regulation Policy

松 下 　整 （まつした　ひとし）

昭和44年10月1日生．群馬県出身．
東京大学法学部

平成4年	警察庁
平成25年2月	広島県警務部長 兼 広島市警察部長
平成28年10月	警視庁犯罪抑止対策本部副本部長 兼 刑事部参事官 兼 交通部参事官 兼 警備部参事官 兼 地域部参事官 兼 公安部参事官 兼 生活安全部参事官 兼 組織犯罪対策部参事官 兼 総務部参事官 兼 警務部参事官
平成29年4月	兼 サイバーセキュリティ対策本部副本部長
平成29年8月	免 警視庁犯罪抑止対策本部長
平成30年3月	愛媛県警本部長
令和元年9月	内閣府政策統括官（原子力防災担当）付参事官（企画・国際担当）
令和2年4月	内閣府政策統括官（原子力防災担当）付参事官（総括担当）
令和3年7月	原子力規制庁長官官房審議官（大臣官房担当）兼 内閣府大臣官房審議官（原子力防災担当）

原子力規制庁

原子力規制庁長官官房審議官
Director‑General for Nuclear Regulation Policy

小 野 祐 二（おの ゆうじ）

平成25年4月	原子力規制庁原子力規制部安全規制調整官
平成28年4月	原子力規制庁原子力規制部安全規制管理官（BWR担当）
平成29年7月	原子力規制庁原子力規制部安全規制管理官（実用炉審査担当）
令和元年7月	原子力規制庁原子力規制部安全規制管理官（研究炉等審査担当）
令和2年7月	原子力規制庁長官官房放射線防護企画課長
令和3年7月	原子力規制庁長官官房審議官

原子力規制庁長官官房審議官
Director-General for Nuclear Regulation
Policy

森 下　　泰（もりした　やすし）

昭和42年1月11日生．広島県出身．O型
私立修道高校，九州大学工学部航空工学科，
九州大学応用力学課程

平成4年4月	通商産業省入省
平成11年6月	機械情報産業局産業機械課技術班長
平成13年9月	地域振興整備公団地方拠点振興部企画調整課長
平成14年4月	地域振興整備公団地域産業振興部企画調整課長
平成16年6月	経済産業省原子力安全・保安院原子力発電検査課企画班長
平成18年6月	経済産業省原子力安全・保安院企画調整課総括班長（政策調整官補佐）
平成19年7月	経済産業省原子力安全・保安院電力安全課電気保安室長
平成20年4月	経済産業省原子力安全・保安院原子力事故故障対策・防災広報室長
平成21年6月	経済産業省原子力安全・保安院地域原子力安全統括管理官（若狭担当）（併）統括安全審査官
平成24年8月	経済産業省原子力安全・保安院高経年化対策室長（併）新型炉規制室長
平成24年9月	原子力規制庁安全規制調整官
平成26年3月	原子力規制庁原子力防災政策課長
平成26年10月	内閣府政策統括官（原子力防災担当）付参事官（総括担当）
平成28年6月	原子力規制庁長官官房人事課長
令和元年7月	原子力規制庁原子力規制部原子力規制企画課長
令和3年7月	原子力規制庁長官官房審議官

趣味　ウォーキング，読書
学生時代の所属部　九大マンドリンクラブ

原子力規制庁

原子力規制庁長官官房総務課長

黒　川　陽一郎（くろかわ　よういちろう）

昭和48年2月8日生．三重県出身．A型
私立高田高校，東京大学法学部

平成7年4月	環境庁入庁
平成14年7月	環境省環境管理局水環境部土壌環境課長補佐
平成15年4月	内閣官房副長官補室参事官補佐
平成17年9月	環境省地球環境局地球温暖化対策課長補佐
平成18年9月	環境省自然環境局総務課長補佐
平成20年3月	内閣官房副長官補室参事官補佐
平成21年7月	環境省総合環境政策局環境計画課長補佐
平成22年7月	滋賀県琵琶湖環境部自然環境保全課長
平成24年7月	環境省大臣官房政策評価広報課長補佐
平成25年7月	環境省総合環境政策局環境保健部企画課長補佐
平成26年7月	経済産業省四国経済産業局総務企画部長
平成29年7月	環境省環境再生・資源循環局放射性物質汚染廃棄物対策室長
令和元年9月	原子力規制庁長官官房総務課法務調査室長
令和2年7月	原子力規制庁長官官房政策立案参事官
令和3年8月	原子力規制庁長官官房総務課長

趣味　マラソン，自転車，クイズ，囲碁

原子力規制庁長官官房総務課地域原子力規制総括調整官（青森担当）
Regional Administrator for Aomori Area

前 川 之 則 (まえかわ　ゆきのり)

昭和30年9月6日生．石川県出身．AB型
国立金沢大学附属高校，富山大学工学部機械工学科

昭和54年4月	通商産業省入省（資源エネルギー庁火力課）
昭和59年4月	資源エネルギー庁原子力発電安全審査課
昭和62年2月	資源エネルギー省エネルギー対策室
平成元年4月	工業技術院研究業務課
平成3年1月	財団法人原子力工学試験センター出向
平成4年4月	資源エネルギー庁原子力発電安全企画審査課
平成7年4月	資源エネルギー庁原子力発電運転管理室
平成9年6月	国際原子力機関（IAEA）広報部
平成12年6月	資源エネルギー庁電力技術課
平成13年1月	経済産業省原子力安全・保安院電力安全課
平成15年7月	経済産業省原子力安全・保安院原子力安全技術基盤課
平成18年6月	経済産業省原子力安全・保安院統括安全審査官
平成19年4月	経済産業省原子力安全・保安院原子力発電検査課高経年化対策室長
平成21年7月	経済産業省原子力安全・保安院原子力防災課長
平成23年7月	独立行政法人原子力安全基盤機構
平成26年3月	原子力規制庁放射線防護対策部原子力防災業務管理官
平成26年10月	原子力規制庁原子力規制部安全規制管理官（廃棄物・貯蔵・輸送担当）
平成28年	原子力規制庁長官官房総務課地域原子力規制総括調整官（青森担当）

原子力規制庁

原子力規制庁長官官房総務課地域原子力規制総括調整官（福島担当）
Regional Administrator for Fukushima Area

南　山　力　生（みなみやま　りきお）

原子力規制庁長官官房総務課地域原子力規制総括調整官（福井担当）
Regional Administrator for Fukui Area

西 村 正 美 （にしむら　まさみ）

昭和32年2月12日生．富山県出身．O型
富山県立新湊高校．富山大学工学部工業化学科

昭和55年4月	通商産業省入省（生活産業局総務課）
昭和57年4月	生活産業局紙業課（紙業印刷業課を含む）
昭和61年4月	生活産業局繊維製品課
平成元年5月	工業技術院標準部繊維化学規格課
平成3年8月	環境立地局保安課
平成6年6月	海外経済協力基金
平成9年7月	基礎産業局総務課化学物質管理促進室（化学物質管理課を含む）
平成12年7月	製品評価技術センター（独立行政法人製品評価技術基盤機構を含む）バイオテクノロジーセンター計画課
平成14年6月	経済産業省産業技術環境局知的基盤課
平成17年6月	経済産業省原子力安全・保安院保安課
平成18年8月	経済産業省製造産業局化学物質管理課化学物質管理企画官
平成21年7月	経済産業省製造産業局伝統的工芸品産業室長
平成22年7月	経済産業省原子力安全・保安院統括安全審査官
平成24年9月	原子力規制庁安全規制調整官
平成26年3月	原子力安全人材育成センター人材育成・研修企画課長
平成27年	原子力規制庁原子力規制部安全管理調査官
	原子力規制庁原子力規制部原子力規制企画課企画官
	原子力規制庁長官官房総務課地域原子力規制総括調整官（福井担当）

主要著書・論文　『バイオサイエンスとインダストリー』Vol.61　No 8
(03)：「バイオ分野での戦略的な計量標準の整備について」
趣味　アクアリウム，スキー
好きな言葉　前向き
尊敬する人　織田信長

原子力規制庁

原子力規制庁長官官房総務課監査・業務改善推進室長

野 村 優 子 (のむら　ゆうこ)

平成30年7月	原子力安全人材育成センター国際研修課長
令和元年7月	原子力安全人材育成センター総合研修課長（兼）規制研修課長
令和3年7月	原子力規制庁長官官房総務課監査・業務改善推進室長

原子力規制庁長官官房総務課広報室長

村 田 真 一（むらた　しんいち）

平成25年7月	原子力規制庁原子力規制部安全規制管理官（BWR担当）付
平成27年9月	原子力規制庁原子力規制部原子力規制企画課
平成28年2月	原子力規制庁長官官房原子力災害対策・核物質防護課原子力事業者防災・訓練推進官
平成29年7月	原子力規制庁長官官房総務課事故対処室長／緊急事案対策室副室長
令和2年8月	原子力規制庁長官官房総務課広報室長

原子力規制庁

原子力規制庁長官官房総務課国際室長

一　井　直　人 （いちい　なおと）

令和元年7月　原子力規制庁長官官房総務課国際室長

原子力規制庁長官官房総務課事故対処室長
Head, Accidents Response Office

金 子 真 幸 (かねこ まさゆき)

令和2年7月　原子力規制庁長官官房総務課事故対処室長

原子力規制庁長官官房政策立案参事官
Director for Policy Planning

渡 邉 桂 一 （わたなべ　けいいち）

長崎県出身.
ラ・サール高校，東京大学工学部化学生命工学科

平成11年4月	通商産業省入省
平成27年7月	国際原子力機関（ＩＡＥＡ）上席原子力安全専門家
平成30年10月	原子力規制庁原子力規制部実用炉審査部門安全規制調整官（審査担当）
令和3年8月	原子力規制庁長官官房政策立案参事官

原子力規制庁長官官房サイバーセキュリティ・情報化参事官

足 立 敏 通 (あだち　としみち)

	原子力規制庁長官官房総務課情報システム管理官
令和元年7月	原子力安全人材育成センター副所長（兼）原子炉技術研修課長
令和2年7月	原子力規制庁長官官房サイバーセキュリティ・情報化参事官

原子力規制庁長官官房総務課法令審査室長

吉 野 亜 文 （よしの　あや）

環境省自然環境局総務課長補佐
令和2年8月　原子力規制庁長官官房総務課法令審査室長

原子力規制庁長官官房総務課企画官 兼 法令審査室企画調整官
Senior Coordinator for Legal Affairs Office

水 谷 　 努 （みずたに　つとむ）

昭和51年 2 月28日生． 東京都出身． A型
東京都立神代高校，早稲田大学法学部

平成12年 4 月	環境庁大臣官房秘書課
平成12年 4 月	環境庁自然保護局企画調整課
平成13年 1 月	環境省自然環境局総務課
平成13年 4 月	環境省大臣官房総務課
平成14年 7 月	環境省大臣官房廃棄物・リサイクル対策部企画課
平成15年 4 月	環境省大臣官房廃棄物・リサイクル対策部企画課調査計画係長
平成16年 7 月	環境省大臣官房環境保健部企画課企画法令係長
平成17年 7 月	環境省大臣官房総務課法令係長
平成18年 7 月	環境省大臣官房総務課企画係長
平成19年 7 月	環境省大臣官房総務課課長補佐
平成19年 9 月	環境省大臣官房秘書課課長補佐（大臣政務官秘書事務取扱）
平成20年 8 月	環境省大臣官房廃棄物・リサイクル対策部企画課課長補佐
平成22年 6 月	外務省在ジュネーブ国際機関日本政府代表部一等書記官
平成26年 5 月	環境省水・大気環境局放射性汚染物質対策担当参事官室参事官補佐
平成27年 7 月	横浜市資源循環局担当課長
平成29年 7 月	環境省地球環境局総務課課長補佐 兼 政策企画官
令和元年 7 月	環境省環境再生・資源循環局総務課課長補佐 兼 政策企画官
令和 2 年 8 月	環境省地球環境局総務課課長補佐 兼 政策企画官
令和 3 年 7 月	原子力規制庁長官官房総務課企画官 兼 法令審査室企画調整官

趣味　スポーツ観戦，旅行
学生時代の所属部　応援部
好きな言葉　実るほど頭を垂れる稲穂かな

原子力規制庁長官官房総務課法令審査室企画調整官

西 崎 崇 徳 (にしざき　たかのり)

令和2年7月　原子力規制庁原子力規制部原子力規制企画課企画調査官
令和3年7月　原子力規制庁長官官房総務課法令審査室企画調整官

原子力規制庁長官官房人事課長

金 城 慎 司 (きんじょう　しんじ)

沖縄県出身.
東京大学工学部，（英）Warwick大学経済学部（修士）

平成21年5月	経済産業省経済産業政策局調査統計部総合調整室
平成22年7月	独立行政法人新エネルギー・産業技術総合開発機構総務企画部企画業務課長
平成23年3月	経済産業省原子力安全・保安院付
平成23年4月	経済産業省内閣府原子力被災者生活支援チーム事務局（兼）原子力安全・保安院付
平成24年7月	経済産業省原子力安全・保安院東京電力福島第一原子力発電所事故対策室長
平成24年9月	原子力規制庁東京電力福島第一原子力発電所事故対策室長
平成28年2月	原子力規制庁長官官房総務課広報室長
平成29年7月	原子力規制庁原子力規制部安全規制管理官（核燃料施設等監視担当）
令和元年7月	原子力規制庁長官官房人事課長

原子力規制庁

原子力規制庁長官官房人事課企画官（服務・人事制度・厚生企画担当）

冨 田 秀 俊 （とみた　ひでとし）

昭和36年10月14日生．山口県出身．
山口県立下関西高等学校，青山学院大学文学部

昭和60年 4 月	通商産業省入省（資源エネルギー庁公益事業部開発課）
昭和63年 4 月	基礎産業局総務課
平成 2 年 4 月	産業政策局物価対策課
平成 4 年 4 月	大臣官房秘書課（政務次官付主任）
平成 6 年 6 月	機械情報産業局車両課総括係長
平成 8 年 7 月	国土庁大都市圏整備局計画課主査
平成10年 5 月	産業政策局総務課庶務室人事係長
平成13年 4 月	中小企業総合事業団機械保険部契約課調査役
平成15年 6 月	経済産業省産業技術環境局大学連携推進課技術調査専門職
平成18年 7 月	資源エネルギー庁電力・ガス事業部政策課長補佐
平成20年 6 月	経済産業政策局産業構造課経済社会政策室長補佐
平成22年 6 月	大臣官房政策評価広報課長補佐
平成24年 1 月	内閣府公益認定等委員会事務局審査監督調査官
平成26年 4 月	経済産業省中小企業庁事業環境部消費税転嫁対策室転嫁対策調査官
平成29年 7 月	商務流通保安グループ業務管理官室長
平成29年 7 月	商務・サービスグループ業務管理官室長
令和 2 年 4 月	原子力規制庁長官官房人事課企画官（服務・人事制度・厚生企画担当）

原子力規制庁長官官房人事課企画官
Planning Officer, Personnel Division, Secretary-General's
Secretariat, The Secretariat of the NRA

奥　　博　貴（おく　ひろたか）
昭和53年10月6日生.　岡山県出身.
滋賀県立膳所高等学校,
同志社大学大学院工学研究科工業化学専攻

平成15年4月	文部科学省研究開発局原子力課
平成17年1月	科学技術・学術政策局調査調整課
平成18年4月	環境省水・大気環境局総務課環境管理技術室
平成19年7月	文部科学省高等教育局大学振興課大学改革推進室大学院係長
平成21年4月	内閣府原子力安全委員会事務局管理環境課補佐
平成23年4月	文部科学省科学技術・学術政策局国際交流官付補佐
平成25年1月	科学技術・学術政策局産業連携・地域支援課補佐
平成25年7月	大臣官房総務課広報室専門官
平成27年7月	原子力規制庁長官官房放射線防護グループ放射線対策・保障措置課課長補佐
平成29年7月	原子力規制庁長官官房放射線防護グループ放射線規制部門管理官補佐
平成30年5月	原子力規制庁長官官房放射線防護グループ核セキュリティ部門管理官補佐
令和2年8月	原子力規制庁長官官房人事課企画調査官
令和3年1月	原子力規制庁長官官房人事課企画官

原子力規制庁

原子力規制庁長官官房人事課企画調査官（地方事務所統括担当）

児　玉　　　智 (こだま　さとし)

令和元年 7 月　原子力規制庁長官官房緊急事案対策室企画調整官
令和 3 年 7 月　原子力規制庁長官官房人事課企画調査官（地方事務所統
　　　　　　　括担当）

原子力規制庁長官官房参事官（会計担当）

河 原 雄 介 （かわはら　ゆうすけ）

昭和47年4月20日生．東京都出身．O型
私立武蔵高校，東京大学法学部

平成 8 年 4 月　警察庁入庁
平成27年10月　警察庁刑事局刑事企画課刑事指導室長
平成29年 8 月　法務省刑事局刑事法制企画官
令和元年 9 月　警察庁刑事局組織犯罪対策部国際捜査管理官
令和 3 年 7 月　原子力規制庁長官官房参事官（会計担当）

原子力規制庁長官官房会計部門経理調査官

島　田　　　肇 (しまだ　はじめ)

昭和60年4月　通商産業省入省（大臣官房会計課）
平成7年4月　中小企業庁
平成11年5月　大臣官房会計課
平成21年7月　新エネルギー・産業技術総合開発機構
平成23年7月　経済産業省大臣官房会計課
平成27年7月　中小企業庁長官官房参事官補佐（会計担当）
平成30年5月　内閣府地方創生推進室参事官補佐
令和元年6月　経済産業省大臣官房会計課監査官
令和3年7月　原子力規制庁長官官房会計部門経理調査官

原子力規制庁長官官房会計部門経理統括専門官 併 上席会計監査官

小 池　　晃 (こいけ　あきら)

昭和41年6月23日生．新潟県出身．AB型
新潟県立村上桜ケ丘高等学校，専修大学

昭和60年4月	通商産業省入省
平成23年7月	独立行政法人新エネルギー・産業技術総合開発機構経理部会計課課長代理
平成26年6月	経済産業省大臣官房会計課課長補佐
平成28年6月	経済産業省大臣官房会計課課長補佐 併 政府調達専門官
令和元年6月	内閣府地方創生推進事務局総括担当参事官補佐
令和3年5月	原子力規制庁長官官房会計部門経理統括専門官 併 上席会計監査官

原子力規制庁長官官房参事官（法務担当）

布　村　希志子（ぬのむら　きしこ）

　　　　　　　　静岡地方検察庁沼津支部検事
平成31年4月　東京高等検察庁検事兼東京地方検察庁検事
令和2年4月　原子力規制庁長官官房参事官（法務担当）

原子力規制庁長官官房法務部門上席訟務調整官

栗 田　　　旭 (くりた　あきら)

　　　　　　　名古屋地方検察庁岡崎支部検事
令和2年4月　千葉地方検察庁検事
令和3年7月　原子力規制庁長官官房法務部門上席訟務調整官

原子力規制庁長官官房法務部門上席訟務調整官

宮 﨑　　健（みやざき　たける）

令和2年4月　原子力規制庁長官官房法務部門上席訟務調整官

原子力規制庁長官官房緊急事案対策室企画調整官

川　﨑　憲　二（かわさき　けんじ）

平成30年 7 月　原子力規制庁原子力規制部実用炉審査部門安全管理調査
　　　　　　　　官（実用炉審査担当）
令和 3 年 7 月　原子力規制庁長官官房緊急事案対策室企画調整官

原子力規制庁長官官房委員会運営支援室長

西　沢　正　剛（にしざわ　まさたけ）

平成30年5月　経済産業省経済産業研修所管理課長
令和2年4月　原子力規制庁長官官房委員会運営支援室長

原子力規制庁長官官房技術基盤課長

遠 山　　眞 (とおやま　まこと)

昭和29年 3 月29日生．東京都出身．
東京大学工学部，
東京大学大学院（工修）

令和元年 7 年　原子力規制庁長官官房技術基盤課長

原子力規制庁長官官房安全技術管理官（システム安全担当）

田 口 清 貴 (たぐち　きよたか)

平成26年3月	原子力規制庁長官官房首席技術研究調査官（核燃料・材料担当）
令和2年7月	原子力規制庁長官官房安全技術管理官（システム安全担当）

原子力規制庁長官官房安全技術管理官（シビアアクシデント担当）
Director, Division for Severe Accident Research, Secretariat of the
Nuclear Regulation Authority

舟 山 京 子 （ふなやま　きょうこ）

平成26年3月	原子力規制庁長官官房首席技術研究調査官（環境影響評価担当）
平成30年7月	原子力規制庁長官官房安全技術管理官（シビアアクシデント担当）

原子力規制庁長官官房安全技術管理官（核燃料廃棄物担当）

迎　　　　隆（むかえ　たかし）

平成26年 3 月　原子力規制庁安全技術管理官（核燃料廃棄物担当）付企
　　　　　　　　画官
平成27年 4 月　原子力規制庁長官官房技術基盤課企画調整官
平成28年 4 月　原子力規制庁長官官房首席技術研究調査官
平成29年 4 月　原子力規制庁長官官房安全技術管理官（核燃料廃棄物担
　　　　　　　　当）

原子力規制庁長官官房企画官

萩　沼　真　之（はぎぬま　まさし）

令和元年7月　原子力規制庁長官官房企画官

原子力規制庁長官官房首席技術研究調査官（廃棄物処分・廃棄・廃止措置担当）
Secretariat of Nuclear Regulation Authority, Principal Researcher

山 田 憲 和 (やまだ のりかず)

平成26年3月　原子力規制庁長官官房首席技術研究調査官（廃棄物処分・廃棄・廃止措置担当）

原子力規制庁長官官房安全技術管理官（地震・津波担当）

川　内　英　史 （かわうち　ひでふみ）

平成26年3月　原子力規制庁長官官房首席技術研究調査官（建築・機
　　　　　　　器・経年・構造担当）
令和2年7月　原子力規制庁長官官房安全技術管理官（地震・津波担当）

原子力規制庁

原子力規制庁長官官房首席技術研究調査官（地震動・津波担当）
Secretariat of Nuclear Regulation Authority, Principal Researcher

杉　野　英　治 (すぎの　ひではる)

令和2年7月　原子力規制庁長官官房首席技術研究調査官（地震動・津
　　　　　　波担当）

原子力規制庁長官官房放射線防護企画課長

新　田　　　晃 （にった　あきら）

昭和43年5月11日生. 石川県出身.
国立金沢大学教育学部附属高校, 東北大学工学部土木工学科

平成22年10月	環境省地球環境局国際連携課国際協力室長
平成24年4月	環境省地球環境局国際連携課国際地球温暖化対策室長（併）国際協力室長
平成24年9月	国際協力室長の併任解除
平成26年4月	岐阜県環境生活部次長
平成28年7月	環境省総合環境政策局環境保健部環境保健企画管理課化学物質審査室長
平成29年7月	環境省大臣官房環境保健部環境保健企画管理課化学物質審査室長
平成30年7月	環境省環境再生・資源循環局環境再生事業担当参事官
令和2年7月	環境省水・大気環境局土壌環境課長（併）地下水・地盤環境室長
令和3年7月	原子力規制庁長官官房放射線防護企画課長

原子力規制庁長官官房放射線防護企画課企画官（被ばく医療担当）

辰 巳 秀 爾 (たつみ　しゅうじ)

令和3年7月　原子力規制庁長官官房放射線防護企画課企画官（被ばく
　　　　　　医療担当）

原子力規制庁長官官房放射線防護企画課企画官（企画調査担当）

三　橋　康　之（みつはし　やすゆき）

令和3年7月　原子力規制庁長官官房放射線防護企画課企画官（企画調査担当）

原子力規制庁長官官房放射線防護企画課企画調査官（制度・国際・地域
担当）

重　山　　優（しげやま　まさる）

令和2年　　　原子力規制庁長官官房放射線防護企画課企画調査官（制
度・国際・地域担当）

原子力規制庁長官官房放射線防護企画課保障措置室長

寺 崎 智 宏（てらさき　ともひろ）

昭和53年1月1日生.
京都大学大学院生命科学研究科中退

平成14年4月	文部科学省研究振興局振興企画課
平成15年3月	科学技術・学術政策局政策課
平成16年4月	初等中等教育局参事官付
平成17年4月	初等中等教育局参事官企画係長
平成18年6月	大臣官房人事課計画調整班専門職長期在外研究員（ハーバード大学、コロンビア大学）
平成20年6月	科学技術・学術政策局原子力安全課保障措置室専門職
平成21年7月	科学技術・学術政策局原子力安全課保障措置室補佐
平成22年4月	研究開発局開発企画課核不拡散・保障措置室補佐
平成22年7月	研究振興局研究環境・産業連携課補佐
平成23年4月	科学技術・学術政策局産業連携・地域支援課課長補佐
平成25年7月	株式会社産業革新機構戦略投資グループ参事
平成28年1月	文部科学省科学技術・学術政策局産業連携・地域支援課地域支援企画官
平成29年7月	原子力規制庁長官官房放射線防護企画課保障措置室査察官
平成29年8月	国際原子力機関保障措置局概念・計画部上席保障措置訓練専門官
令和2年8月	原子力規制庁長官官房放射線防護企画課保障措置室長

原子力規制庁

原子力規制庁長官官房監視情報課長

村 山 綾 介 （むらやま　りょうすけ）

東京大学工学部

平成27年8月	文部科学省研究開発局原子力課廃炉技術開発企画官
平成29年5月	内閣府政策統括官（科学技術・イノベーション担当）付参事官（法制度改革担当）付企画官
平成30年7月	文部科学省研究開発局地震・防災研究課防災科学技術推進室長
令和元年7月	原子力規制庁長官官房政策立案参事官
令和2年7月	原子力規制庁長官官房監視情報課長

原子力規制庁長官官房監視情報課企画官（制度・技術・国際担当）

佐々木　　潤（ささき　じゅん）

平成30年7月　原子力規制庁長官官房監視情報課放射線環境対策室環境
　　　　　　　放射能対策官
令和3年7月　原子力規制庁長官官房監視情報課企画官（制度・技術・
　　　　　　　国際担当）

原子力規制庁

原子力規制庁長官官房監視情報課放射線環境対策室長

竹 本　　亮（たけもと　あきら）

京都府出身.
大阪大学工学部,
大阪大学大学院工学研究科

平成 9 年 4 月　　通商産業省入省
平成24年 9 月　　原子力規制庁長官官房総務課課長補佐
平成26年10月　　原子力規制庁長官官房人事課課長補佐
平成27年 8 月　　原子力規制庁長官官房総務課法務室長
平成28年 7 月　　原子力安全人材育成センター人材育成・研修企画課長
平成29年 4 月　　原子力安全人材育成センター人材育成課長
令和 2 年 7 月　　原子力規制庁原子力規制部検査監督総括課企画調整官
令和 3 年 7 月　　原子力規制庁長官官房監視情報課放射線環境対策室長

原子力規制庁長官官房安全規制管理官（核セキュリティ担当）

中　村　振一郎 （なかむら　しんいちろう）

令和3年3月　原子力規制庁長官官房安全規制管理官（核セキュリティ
担当）

原子力規制庁

原子力規制庁長官官房安全規制管理官（放射線規制担当）

宮　本　　　久（みやもと　ひさし）

	文部科学省科学技術・学術政策局原子力安全課保安管理企画官　を経て
平成24年9月	原子力規制庁安全規制調整官
平成26年3月	原子力規制庁原子力規制部安全規制調整官
平成29年7月	原子力規制庁原子力規制部安全規制管理官（研究炉等審査担当）
令和元年7月	原子力規制庁長官官房安全規制管理官（放射線規制担当）

原子力規制庁長官官房放射線規制部門安全管理調査官（放射線セキュリティ担当、制度担当）

伊　藤　博　邦 （いとう　ひろくに）

	原子力規制庁長官官房放射線規制部門安全管理調査官
	（放射線セキュリティ担当）
令和2年7月	原子力規制庁長官官房放射線規制部門安全管理調査官
	（放射線セキュリティ担当、制度担当）

原子力規制庁長官官房放射線規制部門安全管理調査官（放射線安全担当）

宮　脇　　　豊（みやわき　ゆたか）

平成27年　　　原子力規制庁原子力規制部安全管理調査官
平成29年7月　原子力規制庁原子力規制部研究炉等審査部門安全管理調
　　　　　　　査官（新型炉担当）
平成30年7月　原子力規制庁原子力規制部核燃料施設審査部門安全管理
　　　　　　　調査官（再処理担当）
令和元年7月　原子力規制庁長官官房放射線規制部門安全管理調査官
　　　　　　　（放射線安全担当）

原子力規制庁原子力規制部長
Director‑General,Nuclear Regulation Department

市 村 知 也 (いちむら　ともや)

昭和41年3月12日生．神奈川県出身．A型
神奈川県立多摩高校，早稲田大学理工学部土木工学科，
早稲田大学大学院理工学研究科

平成2年4月	通商産業省入省（基礎産業局化学品安全課）
平成4年6月	国土庁大都市圏整備局計画課
平成6年6月	資源エネルギー庁原子力発電訟務室
平成7年7月	留学（スタンフォード大学）
平成9年6月	機械情報産業局電子政策課
平成11年6月	資源エネルギー庁原子力発電安全企画審査課
平成13年1月	経済産業省資源エネルギー庁原子力政策課
平成14年6月	国際原子力機関
平成17年7月	経済産業省原子力安全・保安院原子力事故故障対策室長
平成19年7月	経済産業省資源エネルギー庁長官官房総合政策課エネルギー戦略推進室長
平成23年7月	経済産業省原子力安全・保安院原子力安全技術基盤課長
平成24年9月	原子力規制庁安全規制管理官（ＰＷＲ・新型炉担当）
平成26年3月	原子力規制庁安全規制管理官（ＰＷＲ担当）
平成28年4月	原子力規制庁原子力規制部安全規制管理官（ＰＷＲ担当）
平成29年7月	原子力規制庁原子力規制部原子力規制企画課長
令和元年7月	原子力規制庁原子力規制部長

原子力規制庁

原子力規制庁原子力規制部原子力規制企画課長

大 島 俊 之 (おおしま　としゆき)

北海道出身.
北海道大学工学部,
北海道大学大学院工学研究科

平成 5 年 4 月	科学技術庁科学技術政策局
平成19年 3 月	文部科学省研究開発局海洋地球課
平成19年 3 月	米国科学財団勤務
平成21年 7 月	経済産業省原子力安全・保安院統括安全審査官
令和 2 年 7 月	原子力規制庁原子力規制部安全規制管理官（研究炉等審査担当）
令和 3 年 7 月	原子力規制庁原子力規制部原子力規制企画課長

原子力規制庁原子力規制部原子力規制企画課火災対策室長

守 谷 謙 一 （もりや　けんいち）

平成12年 4 月	総務省消防庁入庁
平成22年 4 月	総務省消防庁予防課消防技術政策室課長補佐
平成22年 7 月	総務省消防庁予防課違反処理対策官
平成23年 4 月	総務省消防庁予防課設備専門官 兼 同課長補佐
平成26年 4 月	都市消防局予防部担当部長
平成29年 4 月	総務省消防庁総務課消防技術専門官 兼 予防課長補佐 兼 予防課危険物保安室課長補佐
平成30年 4 月	総務省消防庁消防救急課救急企画室理事官 兼 消防技術専門官
令和 2 年 4 月	原子力規制庁原子力規制部原子力規制企画課火災対策室長

原子力規制庁

原子力規制庁原子力規制部東京電力福島第一原子力発電所事故対策室長
Director, Office for accident measures of Fukushima-daiichi Nuclear
power station, Secretariat of Nuclear Regulation Authority

竹　内　　　淳（たけうち　じゅん）

平成28年	原子力規制庁長官官房総務課企画調査官（地方事務所統括担当）
平成30年7月	原子力規制庁原子力規制部上席監視指導官
令和元年7月	原子力規制庁原子力規制部東京電力福島第一原子力発電所事故対策室長

原子力規制庁原子力規制部東京電力福島第一原子力発電所事故対策室企画調査官

澁　谷　朝　紀（しぶたに　ともき）

平成26年4月　　原子力規制庁原子力規制部安全規制調整官
平成29年7月　　原子力規制庁原子力規制部核燃料施設審査部門安全規制
　　　　　　　　調整官（埋設・廃棄物担当）
令和元年7月　　原子力規制庁原子力規制部原子力規制企画課企画官（規
　　　　　　　　制制度担当）
令和2年10月　　原子力規制庁原子力規制部東京電力福島第一原子力発電
　　　　　　　　所事故対策室企画調査官

原子力規制庁

原子力規制庁原子力規制部安全規制管理官（実用炉審査担当）

田 口 達 也 （たぐち　たつや）

昭和49年7月17日生．岡山県出身．
岡山県立倉敷天城高校，大阪大学工学部土木工学科，
大阪大学大学院工学研究科土木工学専攻

平成11年4月　通商産業省入省
平成29年7月　原子力規制庁原子力規制部原子力規制企画課企画官（規
　　　　　　　制制度担当）
令和元年1月　原子力規制庁原子力規制部安全規制管理官（実用炉審査
　　　　　　　担当）

原子力規制庁原子力規制部実用炉審査部門安全規制調整官（実用炉審査担当）

戸ヶ崎　　康（とがさき　こう）

昭和43年7月9日生.
東海大学工学部航空宇宙学科

平成4年4月	科学技術庁原子力局調査国際協力課
平成6年4月	科学技術庁原子力安全局核燃料規制課核燃料物質輸送対策室
平成7年11月	科学技術庁原子力安全局核燃料規制課
平成8年7月	科学技術庁原子力安全局核燃料規制課規制第一係長
平成10年4月	科学技術庁原子力安全局原子炉規制課審査係長
平成12年7月	資源エネルギー庁公益事業部原子力発電安全企画審査課安全審査官
平成13年1月	原子力安全・保安院原子力安全審査課安全審査官
平成14年4月	文部科学省科学技術・学術政策局原子力安全課査察官
平成14年9月	国際原子力機関（オーストリア国ウィーンに派遣（18年3月まで））
平成18年4月	文部科学省科学技術・学術政策局原子力安全課原子力規制室原子力施設検査官
平成19年1月	文部科学省科学技術・学術政策局原子力安全課原子力規制室室長補佐
平成21年4月	放射線医学総合研究所基盤技術センター安全・施設部放射線安全課長
平成22年9月	文部科学省大臣官房人事課専門官
平成25年11月	原子力規制庁総務課課長補佐（採用担当）
平成26年3月	原子力規制庁原子力規制部原子力規制企画課課長補佐（総括担当）
平成27年9月	原子力規制庁長官官房企画官
令和元年7月	原子力規制庁原子力規制部研究炉等審査部門安全規制調整官（試験炉担当）
令和3年7月	原子力規制庁原子力規制部実用炉審査部門安全規制調整官（実用炉審査担当）

資格　第一種放射線取扱主任者免状取得

原子力規制庁原子力規制部実用炉審査部門安全管理調査官（審査担当）

天　野　直　樹（あまの　なおき）

平成30年　　　　原子力規制庁原子力規制部実用炉審査部門安全管理調査
　　　　　　　　官（審査担当）

原子力規制庁原子力規制部安全規制管理官（研究炉等審査担当）

志 間 正 和（しま　まさかず）

昭和44年12月27日生．東京都出身．
神奈川県立秦野高校，京都大学工学研究科環境地球工学専攻

平成25年8月　原子力規制庁原子力防災課事故対処室長
平成26年5月　原子力規制庁ＩＲＲＳ室企画官
平成28年4月　原子力規制庁原子力規制部安全規制調整官
平成29年7月　原子力規制庁原子力規制部検査監督総括課企画調査官
平成30年7月　原子力規制庁原子力規制部統括監視指導官
令和2年3月　原子力規制庁原子力規制部核燃料施設審査部門付
令和3年7月　原子力規制庁原子力規制部安全規制管理官（研究炉等審
　　　　　　　査担当）

原子力規制庁原子力規制部研究炉等審査部門安全管理調査官（試験炉担当）

藤　森　昭　裕（ふじもり　あきひろ）

昭和46年 1 月28日生.
東京都立両国高等学校,
日本大学大学院生産工学研究科修了

平成 7 年 4 月	科学技術庁研究開発局宇宙開発課
平成 9 年 4 月	科学技術庁原子力安全局原子力安全課放射性廃棄物規制室
平成11年 7 月	科学技術振興局研究振興課理研係長
平成13年 1 月	文部科学省研究振興局基礎基盤研究課総合研究係長
平成14年 3 月	文部科学省科学技術・学術政策局原子力安全課原子力規制室専門職
平成15年 4 月	文部科学省科学技術・学術政策局原子力安全課放射線規制室総括係長（命）放射線検査官
平成17年 4 月	経済産業省原子力安全・保安院原子力発電安全審査課審査班審査係長
平成19年 1 月	文部科学省科学技術・学術政策局原子力安全課原子力規制室原子力施設検査官
平成20年 7 月	外務省在シアトル日本国総領事館
平成23年 8 月	文部科学省科学技術・学術政策局原子力安全課専門官
平成24年 9 月	文部科学省科学技術・学術政策局放射線対策課専門官
平成25年 4 月	文部科学省科学技術・学術政策局政策課専門官
平成25年 7 月	文部科学省科学技術・学術政策局産業連携・地域支援課課長補佐
平成25年11月	文部科学省大臣官房人事課専門官
平成28年 7 月	文部科学省研究開発局宇宙開発利用課宇宙開発連携協力推進官
令和元年 7 月	原子力規制庁原子力規制部実用炉審査部門安全管理調査官（実用炉審査担当）
令和 3 年 7 月	原子力規制庁原子力規制部研究炉等審査部門安全管理調査官（試験炉担当）

原子力規制庁原子力規制部研究炉等審査部門安全管理調査官（研開炉担当）

細　野　行　夫（ほその　ゆきお）

令和3年7月　原子力規制庁原子力規制部研究炉等審査部門安全管理調
　　　　　　　査官（研開炉担当）

原子力規制庁原子力規制部研究炉等審査部門企画調査官

菅 原 洋 行 (すがわら　ひろゆき)

平成 4 年 4 月　　通商産業省入省
平成29年 7 月　　原子力規制庁長官官房緊急事案対策室企画調整官
令和元年 9 月　　原子力規制庁原子力規制部研究炉等審査部門企画調査官

原子力規制庁原子力規制部研究炉等審査部門安全規制調整官

前　田　敏　克 （まえだ　としかつ）

令和元年7月　原子力規制庁原子力規制部研究炉等審査部門安全規制調整官

原子力規制庁原子力規制部安全規制管理官（核燃料施設審査担当）

長谷川　清　光（はせがわ　きよみつ）

**原子力規制庁原子力規制部核燃料施設審査部門安全管理調査官（貯蔵・
輸送担当）**

小　澤　隆　寛（おざわ　たかひろ）

令和2年7月　原子力規制庁原子力規制部核燃料施設審査部門安全管理
　　　　　　　調査官（貯蔵・輸送担当）

原子力規制庁原子力規制部安全規制管理官（地震・津波審査担当）
Nuclear Safety Regulation Coordinator

大浅田　薫（おおあさだ　かおる）

平成26年4月　原子力規制庁原子力規制部安全規制調整官
平成29年7月　原子力規制庁原子力規制部安全規制管理官（地震・津波
　　　　　　　審査担当）

原子力規制庁原子力規制部地震・津波審査部門安全規制調整官（地震安全対策担当）

内　藤　浩　行 （ないとう　ひろゆき）

平成27年　　　原子力規制庁原子力規制部安全管理調査官
平成29年7月　原子力規制庁原子力規制部地震・津波審査部門安全規制
　　　　　　　調整官（地震安全対策担当）

原子力規制庁原子力規制部地震・津波審査部門安全規制調整官（地震安全対策担当）

名 倉 繁 樹 (なぐら　しげき)

　　　　　　　原子力規制庁原子力規制部安全管理調査官　を経て
平成29年7月　原子力規制庁原子力規制部地震・津波審査部門安全管理
　　　　　　　調査官（地震安全対策担当）
令和3年7月　原子力規制庁原子力規制部地震・津波審査部門安全規制
　　　　　　　調整官（地震安全対策担当）

原子力規制庁原子力規制部地震・津波審査部門安全管理調査官（地震安全対策担当）

岩 田 順 一（いわた　じゅんいち）

昭和43年 4 月 1 日生．神奈川県出身．A型
東京電機大学

昭和63年 4 月	科学技術庁入庁
平成10年 7 月	科学技術庁核燃料規制課規制第二係長
平成15年10月	原子力安全委員会事務局規制調査課規制調査官
平成19年 4 月	原子力安全保安院新型炉規制室新型炉班長
平成24年 4 月	（独）放射線医学総合研究所放射線安全課課長
平成28年 8 月	原子力規制庁地震・津波審査部門総括補佐
平成30年 7 月	原子力規制庁原子力規制部実用炉審査部門安全管理調査官（審査担当）
令和 3 年 7 月	原子力規制庁原子力規制部地震・津波審査部門安全管理調査官（地震安全対策担当）

原子力規制庁

原子力規制庁原子力規制部地震・津波審査部門安全管理調査官（地震安全対策担当）

忠　内　厳　大（ただうち　いつお）

令和2年4月　原子力規制庁長官官房人事課企画調査官（地方事務所統
　　　　　　　括担当）
令和3年7月　原子力規制庁原子力規制部地震・津波審査部門安全管理
　　　　　　　調査官（地震安全対策担当）

原子力規制庁原子力規制部検査監督総括課長

古金谷　敏　之（こがねや　としゆき）

昭和43年5月2日生．大阪府出身．AB型
私立清風南海学園，京都大学理学部，
京都大学大学院理学研究科（修士）

平成21年6月	日本貿易保険総務グループ長
平成23年6月	経済産業省原子力安全・保安院原子力事故故障対策・防災広報室長
平成24年9月	原子力規制庁原子力防災課事故対処室長
平成25年10月	経済協力開発機構原子力機関原子力安全専門官
平成28年7月	原子力規制委員会原子力規制庁長官官房制度改正審議室統括調整官
平成29年7月	原子力規制庁原子力規制部安全規制管理官（実用炉監視担当）
令和元年7月	原子力規制庁原子力規制部検査監督総括課長（兼）長官官房緊急事案対策室長

原子力規制庁原子力規制部検査監督総括課企画調査官

本 橋 隆 行（もとはし　たかゆき）

平成10年4月　科学技術庁研究開発局企画課
平成11年4月　文部省教育助成局財務課
平成13年1月　文部科学省高等教育局留学生課留学生教育企画室
平成13年4月　原子力安全・保安院企画調整課審議班審議係長
平成14年7月　原子力安全・保安院企画調整課企画班企画係長
平成15年3月　資源エネルギー庁電力・ガス事業部核燃料サイクル産業
　　　　　　　企画調整一係長
平成16年7月　文部科学省大臣官房総務課行政改革推進室専門職（併）
　　　　　　　内閣官房副長官補付
平成16年10月　文部科学省大臣官房総務課専門官（併）内閣官房副長官
　　　　　　　補付
平成18年1月　文部科学省研究振興局基礎基盤研究課量子放射線研究推
　　　　　　　進室室長補佐
平成18年4月　文部科学省研究振興局基礎基盤研究課量子放射線研究推
　　　　　　　進室室長補佐（併）内閣府原子力専門調査官（政策統括
　　　　　　　官（科学技術政策担当）付参事官付）
平成19年7月　原子力安全・保安院原子力発電安全審査課課長補佐
平成21年8月　熊取町住民部統括理事
平成23年8月　文部科学省研究開発局原子力課専門官
平成14年4月　文部科学省大臣官房政策課課長補佐（併）内閣官房副長
　　　　　　　官補付（命）内閣官房知的財産戦略推進事務局局員
平成26年4月　山形大学特任教授
平成27年4月　国立研究開発法人日本医療研究開発機構臨床研究・治験
　　　　　　　基盤事業部次長
令和元年7月　原子力規制庁長官官房総務課監査・業務改善推進室長
令和3年7月　原子力規制庁原子力規制部検査監督総括課企画調査官

原子力規制庁原子力規制部検査監督総括課検査評価室長

清 丸 勝 正 (せいまる　かつまさ)

昭和47年 4 月12日生. 石川県出身.
石川県立小松高等学校, 京都大学理学部,
京都大学大学院理学研究科 (修士), スタンフォード大学工学部 (修士)

平成13年 4 月　環境省入省
令和元年 5 月　環境省水・大気環境局大気環境課課長補佐
令和 2 年 8 月　環境省水・大気環境局総務課課長補佐 (併任：自動車環
　　　　　　　境対策課課長補佐)
令和 3 年10月　原子力規制庁原子力規制部検査監督総括課検査評価室長

原子力規制庁原子力規制部安全規制管理官（実用炉監視担当）

武 山 松 次（たけやま　しょうじ）

平成24年7月	経済産業省原子力安全・保安院統括安全審査官
平成24年9月	原子力規制庁安全規制管理官（廃棄物・輸送・貯蔵担当）付企画調査官
平成26年5月	原子力規制庁事故対処室長
平成27年5月	原子力規制庁総務課企画調査官
平成27年9月	原子力規制庁人事課企画官
平成28年4月	原子力規制庁原子力規制部安全規制調整官
平成29年4月	原子力規制庁長官官房監視情報課長
令和元年7月	原子力規制庁原子力規制部安全規制管理官（実用炉監視担当）

原子力規制庁原子力規制部統括監視指導官

髙 須 洋 司 （たかす　ようじ）

平成29年 7 月　原子力規制庁原子力規制部統括監視指導官

原子力規制庁原子力規制部実用炉監視部門上席監視指導官

水 野　　大（みずの　つよし）

令和3年7月　原子力規制庁原子力規制部実用炉監視部門上席監視指導官

原子力規制庁原子力規制部実用炉監視部門上席監視指導官

米 林 賢 二 （よねばやし けんじ）

令和 3 年 7 月　原子力規制庁原子力規制部実用炉監視部門上席監視指導官

原子力規制庁原子力規制部安全規制管理官（核燃料施設等監視担当）

門 野 利 之（かどの　としゆき）

	経済産業省原子力安全・保安院原子力発電安全審査課総括安全審査官　を経て
平成24年9月	原子力規制庁総務課企画調査官
平成27年	原子力規制庁原子力規制部首席原子力施設検査官
平成29年7月	原子力規制庁原子力規制部安全規制管理官（専門検査担当）
令和元年7月	原子力規制庁原子力規制部安全規制管理官（核燃料施設等監視担当）

原子力規制庁原子力規制部核燃料施設等監視部門上席監視指導官

二 宮 浩 次 (にのみや こうじ)

令和 3 年 7 月 　原子力規制庁原子力規制部核燃料施設等監視部門上席監
　　　　　　　　視指導官

原子力規制庁原子力規制部核燃料施設等監視部門上席監視指導官

青 山 勝 信 (あおやま　かつのぶ)

平成29年7月　原子力規制庁原子力規制部核燃料施設審査部門安全管理
　　　　　　　調査官（貯蔵・輸送担当）
令和3年7月　原子力規制庁原子力規制部核燃料施設等監視部門上席監
　　　　　　　視指導官

原子力規制庁原子力規制部核燃料施設等監視部門企画調査官

寒　川　琢　実 （さむかわ　たくみ）

平成26年3月	原子力規制庁原子力規制部安全規制調整官
平成29年7月	原子力規制庁原子力規制部実用炉審査部門安全規制調整官（実用炉審査担当）
令和2年7月	原子力規制庁原子力規制部核燃料施設等監視部門企画調査官

原子力規制庁

原子力規制庁原子力規制部核燃料施設等監視部門企画調査官

栗 﨑 博 （くりさき ひろし）

昭和43年11月 1 日生.
小山職業訓練大学校

平成元年 4 月	科学技術庁原子力安全局原子力安全課放射性廃棄物規制室
平成 3 年 4 月	科学技術庁原子力安全局原子炉規制課
平成 3 年 8 月	科学技術庁水戸原子力事務所
平成 6 年 4 月	科学技術庁原子力安全局原子炉規制課
平成 9 年 1 月	科学技術庁原子力安全局保障措置課
平成11年 4 月	科学技術庁原子力安全局核燃料規制課基準係長
平成13年 1 月	文部科学省科学技術・学術政策局原子力安全課原子力規制室
平成13年 4 月	文化庁長官官房著作権課マルチメディア著作権室集中管理係長
平成14年 4 月	文化庁長官官房著作権課マルチメディア著作権室普及係長
平成15年 4 月	文化庁長官官房著作権課マルチメディア著作権室著作権教育係長
平成15年 7 月	文部科学省科学技術・学術政策局原子力安全課放射線規制室第 1 審査係長
平成16年10月	経済産業省原子力安全・保安院原子力安全技術基盤課安全審査官
平成18年 9 月	文部科学省大臣官房総務課総務班大臣政務官室事務第二係長（秘書官事務取扱）
平成20年 4 月	文部科学省大臣官房総務課専門官（秘書官事務取扱）
平成21年 9 月	文部科学省科学技術・学術政策局原子力安全課放射線規制室専門官
令和 2 年 7 月	原子力規制庁原子力規制部核燃料施設等監視部門企画調査官

原子力規制庁原子力規制部統括監視指導官

熊　谷　直　樹（くまがい　なおき）

平成29年7月　原子力規制庁原子力規制部統括監視指導官

原子力規制庁原子力規制部安全規制管理官（専門検査担当）

杉 本 孝 信 (すぎもと　たかのぶ)

昭和42年7月20日生．山口県出身．O型
山口県立宇部高校，京都大学工学部数理工学科，
京都大学大学院工学研究科数理工学専攻

平成 5 年 4 月	通産省入省（工業技術院総務課）
平成 6 年 6 月	資源エネルギー庁原子力発電訟務室
平成 8 年 5 月	科学技術庁原子力局原子力調査室
平成10年 6 月	資源エネルギー庁総務課
平成10年10月	資源エネルギー庁原子力産業課
平成11年 6 月	機械情報産業局産業機械課国際プラント推進室
平成13年 4 月	産業技術環境局環境政策課環境指導室
平成14年 4 月	青森県商工観光労働部工業振興課長
平成16年 6 月	原子力安全・保安院電力安全課
平成18年 6 月	在チリ日本国大使館一等書記官
平成21年 7 月	資源エネルギー庁電力・ガス事業部原子力発電立地対策・広報室長
平成24年 4 月	資源エネルギー庁電力・ガス事業部付（併）復興庁福島復興局付
平成24年 9 月	資源エネルギー庁電力・ガス事業部原子力政策課企画官（原子力政策担当）
平成26年 7 月	中小企業基盤整備機構経営支援部審議役
平成26年10月	内閣府政策統括官（原子力防災担当）付参事官（地域防災・訓練担当）
平成28年 6 月	新潟県総務管理部長
平成30年 4 月	原子力規制委員会原子力規制庁長官官房政策立案参事官
令和元年 7 月	原子力規制庁原子力規制部安全規制管理官（専門検査担当）

趣味　剣道，スキー

原子力規制庁原子力規制部専門検査部門首席原子力専門検査官

山　元　義　弘 (やまもと　よしひろ)

平成30年 7 月　原子力規制庁原子力規制部専門検査部門首席原子力専門
　　　　　　　検査官

原子力規制庁

原子力規制庁原子力規制部専門検査部門首席原子力専門検査官

大 東 　誠 （おおひがし　まこと）

平成26年 3 月　原子力規制庁原子力規制部首席原子力施設検査官
平成29年 7 月　原子力規制庁原子力規制部核燃料施設等監視部門首席原
　　　　　　　子力専門検査官
令和 2 年 7 月　原子力規制庁原子力規制部専門検査部門首席原子力専門
　　　　　　　検査官

原子力規制庁原子力規制部専門検査部門上席原子力専門検査官

川　下　泰　弘 （かわしも　やすひろ）

|平成29年7月|原子力規制庁原子力規制部安全管理調査官　を経て
原子力規制庁原子力規制部専門検査部門上席原子力専門検査官|

原子力規制庁原子力規制部専門検査部門上席原子力専門検査官

村 尾 周 仁 （むらお　しゅうじ）

平成26年 3 月　原子力規制庁入庁
平成29年 7 月　原子力規制庁原子力規制部専門検査部門上席原子力専門
　　　　　　　検査官

原子力規制庁原子力規制部専門検査部門上席原子力専門検査官

上　田　　　洋 （うえだ　ひろし）

令和 2 年 7 月　原子力規制庁原子力規制部専門検査部門上席原子力専門
　　　　　　　　検査官

原子力規制庁原子力規制部専門検査部門上席原子力専門検査官

早 川 善 也 (はやかわ　ぜんや)

令和3年7月　原子力規制庁原子力規制部専門検査部門上席原子力専門
　　　　　　　検査官

原子力規制庁原子力規制部専門検査部門上席原子力専門検査官

宮　崎　　毅 (みやざき　つよし)

令和 3 年 7 月　原子力規制庁原子力規制部専門検査部門上席原子力専門
　　　　　　　　検査官

原子力規制庁

原子力規制庁原子力規制部専門検査部門上席原子力専門検査官

雑　賀　康　正 （さいか　やすまさ）

令和3年7月　原子力規制庁原子力規制部専門検査部門上席原子力専門
　　　　　　検査官

原子力規制庁原子力規制部専門検査部門上席原子力専門検査官

中 田　　聰（なかた　さとし）

令和 3 年 7 月　原子力規制庁原子力規制部専門検査部門上席原子力専門
　　　　　　　検査官

原子力規制庁原子力規制部専門検査部門企画調査官

小 坂 淳 彦 (こさか　あつひこ)

平成27年	原子力規制庁原子力規制部安全規制調整官
平成29年7月	原子力規制庁原子力規制部実用炉監視部門企画調査官
令和2年7月	原子力規制庁原子力規制部専門検査部門企画調査官

●施設等機関・地方環境事務所 国立研究開発法人

環境省環境調査研修所長（併）総合環境政策統括官

和 田 篤 也 <small>（わだ　とくや）</small>

北海道出身.
北海道立帯広柏葉高校，北海道大学工学部衛生工学科，
北海道大学大学院工学研究科情報工学専攻

昭和63年 4 月	環境庁入庁（大気保全局企画課）
平成 2 年 4 月	大阪府環境保健部環境局大気課
平成 4 年 4 月	環境庁国立環境研究所地球環境研究センター観測第 2 係長
平成 4 年10月	環境庁国立環境研究所地球環境研究センター（併）交流係長
平成 6 年 4 月	通商産業省工業技術院総務部ニューサンシャイン計画推進本部技術班長
平成 8 年 7 月	環境庁企画調整局環境影響評価課環境影響審査室審査官
平成10年 7 月	海外経済協力基金環境室環境社会開発課課長代理
平成11年10月	国際協力銀行環境社会開発室環境第 2 班副参事役
平成13年 9 月	環境省地球環境局環境保全対策課環境協力室室長補佐
平成14年10月	環境省地球環境局環境保全対策課課長補佐
平成14年10月	環境省地球環境局地球温暖化対策課国民生活対策室（併）室長補佐
平成16年 4 月	環境省総合環境政策局環境影響評価課課長補佐
平成17年 9 月	環境省総合環境政策局環境影響評価課環境影響審査室（併）室長補佐
平成18年10月	環境省地球環境局地球温暖化対策課国際対策室長
平成20年 8 月	環境省水・大気環境局土壌環境課地下水・地盤環境室長
平成21年 7 月	環境省総合環境政策局環境保健部企画課化学物質審査室長
平成23年 8 月	環境省地球環境局地球温暖化対策課調整官
平成24年 9 月	環境省地球環境局地球温暖化対策課長
平成26年 7 月	環境省廃棄物・リサイクル対策部廃棄物対策課長
平成28年 6 月	環境省大臣官房参事官（指定廃棄物対策担当）
平成29年 7 月	環境省環境再生・資源循環局総務課長
平成30年 4 月	環境省大臣官房審議官
平成30年 7 月	環境省大臣官房政策立案総括審議官
令和元年 7 月	大臣官房公文書監理官を兼任
令和 2 年 7 月	環境省環境調査研修所長（併）総合環境政策統括官

施設等機関

環境省環境調査研修所次長

西 山 理 行 (にしやま　みちゆき)

昭和40年8月23日生. 神奈川県出身.
神奈川県立希望ヶ丘高校, 筑波大学第二学群生物学類,
筑波大学大学院環境科学研究科

平成2年4月	環境庁入庁（大臣官房秘書課）
平成2年4月	環境庁富士箱根伊豆国立公園管理事務所
平成4年4月	環境庁自然保護局計画課
平成5年7月	（北海道庁自然保護課）
平成7年4月	環境庁自然保護局施設整備課
平成9年4月	環境庁東北地区自然保護事務所西目屋分室
平成10年12月	環境庁自然保護局企画調整課自然ふれあい推進室
平成13年1月	環境省中部地区自然保護事務所名古屋支所
平成15年4月	環境省中部地区自然保護事務所
平成17年4月	環境省沖縄奄美地区自然保護事務所（17. 10～那覇自然環境事務所）
平成19年4月	環境省自然環境局野生生物課
平成22年4月	環境省自然環境局総務課動物愛護管理室長
平成24年9月	北海道地方環境事務所釧路自然環境事務所長
平成28年4月	環境省自然環境局自然環境計画課生物多様性施策推進室長
平成29年7月	環境省自然環境局野生生物課鳥獣保護管理室長
令和元年7月	復興庁統括官付参事官
令和2年7月	環境省環境調査研修所次長

環境省環境調査研修所国立水俣病総合研究センター所長 兼 大臣官房審議官
Director General/Councillor, Minister's Secretariat

森 光 敬 子（もりみつ　けいこ）

昭和43年2月7日生．福岡県出身．
佐賀医科大学医学部

平成4年	厚生省入省
平成25年4月	国立感染症研究所企画調整主幹
平成26年6月	独立行政法人日本医療研究開発機構担当室企画官
平成27年4月	国立研究開発法人日本医療研究開発機構戦略推進部次長
平成28年6月	厚生労働省医政局研究開発振興課長（再生医療等研究推進室長 併任）
平成30年7月	厚生労働省保険局医療課長
令和2年8月	環境省環境調査研修所国立水俣病総合研究センター所長 兼 大臣官房審議官

環境省環境調査研修所国立水俣病総合研究センター次長

東　條　純　士（とうじょう　じゅんじ）

	環境省大臣官房付
平成29年8月	環境省大臣官房総務課広報室長
平成30年8月	中間貯蔵・環境安全事業管理部長
令和3年7月	環境省環境調査研修所国立水俣病総合研究センター次長

原子力安全人材育成センター副所長
Deputy Director‑General

大　向　繁　勝（おおむかい　しげかつ）

昭和39年1月11日生.
中央大学理工学部工業化学科

平成2年4月	科学技術庁長官官房秘書課
平成2年4月	科学技術庁原子力局調査国際協力課調査統計室
平成5年1月	科学技術庁原子力安全局保障措置課
平成6年5月	放射線医学総合研究所管理部庶務課
平成6年7月	科学技術庁原子力安全局原子力安全課安全対策第一係長
平成7年5月	科学技術庁原子力安全局原子力安全課防災環境対策室総合評価係長
平成8年4月	水戸原子力事務所規制係長
平成10年5月	科学技術庁原子力安全局燃料規制課規則第一係長
平成12年9月	科学技術庁原子力安全局燃料規制課安全審査官
平成12年9月	国際原子力機関（オーストリア国ウィーン）に派遣（15・9まで）
平成13年1月	文部科学省科学技術・学術政策局原子力安全課査察官
平成16年10月	文部科学省科学技術・学術政策局原子力安全課原子力規制室補佐
平成17年12月	文部科学省科学技術・学術政策局原子力安全課原子力規制室核物質防護検査官
平成19年1月	文部科学省大臣官房人事課専門官
平成22年9月	経済産業省原子力安全・保安院核燃料サイクル規制課課長補佐
平成24年4月	原子力安全委員会事務局規制調査対策官
平成24年9月	原子力規制庁総務課企画官
平成26年3月	原子力規制庁長官官房人事課企画官
平成27年9月	原子力規制庁原子力規制部安全規制管理官（新型炉・試験研究炉・廃止措置担当）付安全規制調整官（試験研究炉担当）
平成29年7月	原子力規制庁原子力規制部研究炉等審査部門安全規制調整官（試験炉担当）
平成31年1月	原子力規制庁長官官房人事課企画官（採用・任用・人材育成担当）
令和2年10月	原子力安全人材育成センター副所長

原子力安全人材育成センター人材育成課長

山 口 道 夫 （やまぐち　みちお）

平成29年7月　原子力規制庁原子力規制部実用炉審査部門安全管理調査
　　　　　　　官（実用炉審査担当）
令和2年　　　原子力安全人材育成センター人材育成課長

原子力安全人材育成センター総合研修課長（兼）規制研修課長

杉 本 文 孝 (すぎもと　ふみたか)

令和3年　　原子力安全人材育成センター総合研修課長（兼）規制研
　　　　　修課長

原子力安全人材育成センター原子炉技術研修課長

渡　部　和　之（わたべ　かずゆき）

令和2年　　　原子力安全人材育成センター原子炉技術研修課長

環境省北海道地方環境事務所長
Superintendent, Hokkaido Regional Environment Office

櫻 井 洋 一 (さくらい　よういち)

昭和37年6月15日生．静岡県出身．B型
静岡県立榛原高校，北海道大学，
北海道大学大学院（修士）

平成元年4月	環境庁入庁
平成15年7月	環境省自然環境局自然環境整備課課長補佐
平成16年4月	環境省中部地区自然保護事務所次長
平成19年4月	環境省釧路自然環境事務所統括自然保護企画官
平成20年7月	環境省自然環境局自然環境計画課課長補佐
平成21年10月	JICA専門家（インドネシア林業省派遣）
平成24年8月	日本下水道事業団経営企画部調査役
平成26年4月	環境省福島環境再生事務所首席調整官
平成27年7月	（公財）地球環境戦略研究機関統括研究プログラムマネージャー
平成29年4月	環境省自然環境局新宿御苑管理事務所長
平成31年4月	環境省中国四国地方環境事務所四国事務所長
令和2年8月	環境省近畿地方環境事務所長
令和3年8月	環境省北海道地方環境事務所長

資格　技術士（環境部門）
趣味　登山

地方環境事務所

環境省東北地方環境事務所長
Director of Tohoku Regional Environment Office

中　山　隆　治（なかやま　りゅうじ）

平成21年 4 月	環境省自然環境局国立公園課長補佐
平成23年 7 月	環境省釧路自然環境事務所次長
平成25年 4 月	環境省自然環境局生物多様性センター長
平成28年 4 月	環境省信越自然環境事務所長
平成30年 7 月	内閣参事官（まち・ひと・しごと創生本部事務局）、内閣府地方創生推進事務局参事官
令和 2 年 8 月	環境省東北地方環境事務所長

環境省福島地方環境事務所長
Superintendent of Fukushima Regional Environment Office

秦　　康　之（はた　やすゆき）
京都大学工学部衛生工学科

平成26年 4 月	環境省地球環境局国際連携課国際地球温暖化対策室長
平成26年 7 月	環境省水・大気環境局放射性物質汚染対策担当参事官
平成27年 7 月	環境省水・大気環境局放射性物質汚染対策担当参事官（充）土壌環境課長
平成27年10月	内閣官房参事官
平成29年 7 月	環境省大臣官房環境計画課長
平成30年 7 月	環境省地球環境局総務課長
令和 2 年 7 月	環境省大臣官房総務課長
令和 3 年 7 月	環境省福島地方環境事務所長

環境省関東地方環境事務所長
Superintendent of Kanto Regional Environment Office

瀬 川 俊 郎 (せがわ　としろう)

環境省中部地方環境事務所長
Superintendent, Chubu Regional Environment Office

築　島　　　明 (つきしま　あきら)

昭和39年生．東京都出身．
北海道大学農学部

昭和62年 4 月	環境庁自然保護局企画調整課自然環境調査室
昭和62年10月	環境庁自然保護局保護管理課
昭和63年 4 月	環境庁自然保護局日光国立公園管理事務所（裏磐梯駐在）
平成元年 4 月	環境庁自然保護局富士箱根伊豆国立公園管理事務所（船津駐在）
平成 3 年 7 月	環境庁自然保護局計画課自然環境調査室調査係長
平成 5 年 7 月	環境庁自然保護局計画課（企画調整局企画調整課 併任）
平成 7 年 7 月	国土庁計画・調整局計画課専門調査官
平成 9 年 7 月	環境庁西北海道地区国立公園・野生生物事務所主査（上川駐在）
平成11年 7 月	環境庁自然保護局企画調査課自然ふれあい推進室室長補佐
平成13年 4 月	環境省自然環境局自然環境整備課課長補佐
平成15年 7 月	長崎県県民生活環境部自然保護課長
平成18年 7 月	環境省自然環境局総務課動物愛護管理室長
平成19年 7 月	環境省大臣官房政策評価広報課広報室長
平成20年 7 月	環境省大臣官房総務課企画官
平成21年 2 月	環境省自然環境局新宿御苑管理事務所長
平成23年 4 月	日本環境安全事業株式会社管理部次長 兼 経営企画課長
平成25年 4 月	環境省中国四国地方環境事務所長
平成30年 7 月	宮内庁管理部庭園課長
令和 3 年 7 月	環境省中部地方環境事務所長

地方環境事務所

環境省近畿地方環境事務所長
Superintendent, Kinki Regional Environment Office

関 根 達 郎 (せきね　たつろう)

昭和40年生.　大阪府出身.
大阪府立大学大学院農学研究科

平成 2 年 4 月	環境庁入庁
平成16年 4 月	環境省自然環境局自然環境整備課課長補佐
平成19年 7 月	環境省関東地方環境事務所統括自然保護企画官
平成22年 2 月	環境省自然環境局京都御苑管理事務所長
平成23年10月	環境省自然環境局野生生物課外来生物対策室長
平成27年 1 月	環境省環境調査研修所次長
平成28年 7 月	復興庁統括官付参事官
令和元年 7 月	環境省大臣官房総合政策課環境研究技術室長
令和 2 年 8 月	内閣官房まち・ひと・しごと創生本部事務局参事官
令和 3 年 8 月	環境省近畿地方環境事務所長

環境省中国四国地方環境事務所長
Superintendent, Chugoku-Shikoku Regional Environment Office

上　田　健　二（かみた　けんじ）

栃木県出身.
筑波大学附属駒場高校，東京大学工学部

平成9年4月	環境庁入庁
平成13年9月	経済産業省産業技術環境局研究開発課研究開発専門官
平成18年4月	環境省近畿地方環境事務所廃棄物・リサイクル対策課長
平成22年9月	アメリカ合衆国環境保護庁（US-EPA）客員研究員（人事院行政官短期在外派遣研究員）
平成27年8月	環境省中国四国地方環境事務所保全統括官（高松事務所長）
平成28年9月	環境省地球環境局総務課課長補佐（総括）
平成29年7月	環境省福島地方環境事務所首席調整官
平成30年4月	環境省地球環境局総務課調査官
平成30年7月	環境省大臣官房総合政策課環境研究技術室長
令和元年6月	環境省中国四国地方環境事務所長

地方環境事務所

環境省九州地方環境事務所長
Superintendent of Kyushu Regional Environment Office

岡 本 光 之（おかもと　みつゆき）

昭和37年生．東京都出身．
都立日比谷高校，北海道大学農学部林学科，
北海道大学大学院農学研究科修士課程中退

昭和60年 4 月	環境庁入庁（自然保護局企画調整課自然環境調査室）
昭和60年10月	環境庁自然保護局保護管理課
昭和61年 4 月	環境庁自然保護局大山隠岐国立公園管理事務所
昭和62年 4 月	環境庁自然保護局中部山岳国立公園立山黒部管理官
平成元年 7 月	環境庁自然保護局阿蘇くじゅう国立公園管理事務所主査
平成 3 年 4 月	環境庁自然保護局施設整備課施設係長
平成 5 年 4 月	環境事業団業務部緑地公園課課長代理
平成 7 年 4 月	環境庁自然保護局大雪山国立公園統括管理官
平成 9 年 7 月	環境庁自然保護局計画課審査官（併）企画調整局環境影響審査室審査官
平成11年 4 月	環境庁自然保護局企画調整課課長補佐
平成13年 1 月	環境省自然環境局総務課課長補佐
平成13年 4 月	福井県保健環境部自然保護課参事
平成14年 4 月	福井県保健環境部自然保護課課長
平成16年 4 月	環境省自然環境局総務課課長補佐
平成17年 7 月	環境省自然環境局山陰地区自然保護事務所長
平成17年10月	環境省中部地方環境事務所長野自然環境事務所長
平成18年 7 月	環境省自然環境局総務課自然ふれあい推進室長
平成21年 7 月	環境省総合環境政策局環境経済課環境教育推進室長（併）民間活動支援室長
平成23年 6 月	併任 内閣府地域主権戦略室参事官（～平成24年 9 月）
平成24年 4 月	環境省自然環境局総務課調査官
平成26年 7 月	環境省自然環境局国立公園課長
平成29年 8 月	環境省九州地方環境事務所長

資格　技術士（環境）

国立研究開発法人　国立環境研究所理事長
National Institute for Environmental
Studies, President

木　本　昌　秀 (きもと　まさひで)

昭和55年 4 月　気象庁入庁
平成 4 年 4 月　気象庁気象研究所気候研究部研究官
平成 5 年 4 月　気象庁気象研究所気候研究部主任研究官
平成 6 年 4 月　東京大学気候システム研究センター助教授
平成13年10月　東京大学気候システム研究センター教授
平成22年 4 月　東京大学大気海洋研究所教授（改組による　〜31.3　東
　　　　　　　　京大学大気海洋研究所副所長）
令和 3 年 4 月　国立研究開発法人国立環境研究所理事長

●資　　　料

環境省電話番号

本　省

〈設置場所〉	〈直通電話〉
環　　境　　大　　臣	03－3580－0241
環　境　副　大　臣	03－3580－0242
環　境　副　大　臣	03－3581－3361
環　境　大　臣　政　務　官	03－3581－4912、3362
環　境　事　務　次　官	03－3580－0243
地　球　環　境　審　議　官	03－3593－3071
顧　　　　　　　　　問	03－3581－4917
秘　　　書　　　官	03－3580－0241
秘　書　官　事　務　取　扱	03－3580－0241
秘書事務取扱(副大臣)	03－3580－0242
秘書事務取扱(副大臣)	03－3580－0247
秘書事務取扱(大臣政務官)	03－3581－4912、3363
〔大　臣　官　房〕	
大　臣　官　房　長	03－3580－0244
サイバーセキュリティ・情報化審議官	
大　臣　官　房　審　議　官	03－3581－4914
大　臣　官　房　審　議　官	
大　臣　官　房　審　議　官	
大　臣　官　房　審　議　官	
大　臣　官　房　審　議　官	
大　臣　官　房　審　議　官	
大　臣　官　房　秘　書　課	03－6457－9498
大臣官房秘書課地方環境室	03－5521－9266
大　臣　官　房　総　務　課	
大臣官房総務課広報室	
大　臣　官　房　会　計　課	
総合環境政策統括官グループ	
総　合　環　境　政　策　統　括　官	03－3580－1701
総　合　政　策　課	03－5521－8224
企画評価・プロモーション室	03－5521－8326
環　境　研　究　技　術　室	03－5521－8238
環　境　教　育　推　進　室	03－5521－8231
環　境　計　画　課	03－5521－8233

資

料

環　境　経　済　課	03−5521−8230
環 境 影 響 評 価 課	03−5521−8236
環 境 影 響 審 査 室	03−5521−8237
環　境　保　健　部	
環　境　保　健　部	03−3580−9706
環 境 保 健 企 画 管 理 課	03−5521−8250
政　策　企　画　官	03−5521−8252
保　健　業　務　室	03−5521−8255
特 殊 疾 病 対 策 室	03−5521−8257
石 綿 健 康 被 害 対 策 室	03−5521−6551
化 学 物 質 審 査 室	03−5521−8253
公 害 補 償 審 査 室	03−5521−8264
環　境　安　全　課	03−5521−8261
環 境 リ ス ク 評 価 室	03−5521−8263
参　　　事　　　官	03−5521−9248
〔環境再生・資源循環局〕	
総　　務　　課	03−5501−3152
循 環 型 社 会 推 進 室	03−5521−8336
リ サ イ ク ル 推 進 室	03−5501−3153
廃 棄 物 適 正 処 理 推 進 課	03−5501−3154
浄 化 槽 推 進 室	03−5501−3155
放 射 性 物 質 汚 染 廃 棄 物 対 策 室	03−5521−8349
廃 棄 物 規 制 課	03−5501−3156
特定廃棄物対策担当参事官室	03−5521−8812
環境再生事業担当参事官室	03−5521−9267
不法投棄原状回復事業対策室	03−6205−4798
災 害 廃 棄 物 対 策 室	03−5521−8358
福島再生・未来志向プロジェクト推進室	03−5521−9269
環境再生施設整備担当参事官室	03−5521−9249
ポリ塩化ビフェニル廃棄物処理推進室	03−6457−9096
〔 地 球 環 境 局 〕	
地　球　環　境　局	03−3593−0489
総　　務　　課	03−5521−8241
脱 炭 素 社 会 移 行 推 進 室	03−5521−8244
脱炭素化イノベーション研究調査室	03−5521−8247
気 候 変 動 適 応 室	03−5521−8242
地 球 温 暖 化 対 策 課	03−5521−8249

地 球 温 暖 化 対 策 事 業 室	03−5521−8355
市 場 メ カ ニ ズ ム 室	03−5521−8354
フ ロ ン 対 策 室	03−5521−8329
脱炭素ライフスタイル推進室	03−5521−8341
脱 炭 素 ビ ジ ネ ス 推 進 室	03−5521−8249
国 際 連 携 課	03−5521−8243
国際地球温暖化対策担当参事官	03−5521−8330
国際協力・環境インフラ戦略室	03−5521−8248

〔 **水 ・ 大 気 環 境 局** 〕

水 ・ 大 気 環 境 局	03−3580−2163
総 務 課	03−5521−8289
環 境 管 理 技 術 室	03−5521−8297
大 気 環 境 課	03−5521−8292
大 気 生 活 環 境 室	03−5521−8299
自 動 車 環 境 対 策 課	03−5521−8302
水 環 境 課	03−5521−8304
閉 鎖 性 海 域 対 策 室	03−5521−8319
海 洋 環 境 室	03−5521−9023
海洋プラスチック汚染対策室	03−5521−8304
土 壌 環 境 課	03−5521−8321
農 薬 環 境 管 理 室	03−5521−8323
地 下 水 ・ 地 盤 環 境 室	03−5521−8309

〔 **自 然 環 境 局** 〕

総 務 課	03−5521−8266
調 査 官	03−5521−8270
動 物 愛 護 管 理 室	03−5521−8331
自 然 環 境 計 画 課	03−5521−8272
生 物 多 様 性 戦 略 推 進 室	03−5521−8273
生 物 多 様 性 主 流 化 室	03−5521−9108
国 立 公 園 課	03−5521−8277
自 然 環 境 整 備 課	03−5521−8280
野 生 生 物 課	03−5521−8282
鳥 獣 保 護 管 理 室	03−5521−8285
希 少 種 保 全 推 進 室	03−5521−8353
外 来 生 物 対 策 室	03−5521−8344

〔**国立公園管理事務所**〕

皇 居 外 苑 管 理 事 務 所	03−3213−0095

資

料

京都御苑管理事務所	075−211−6348
新宿御苑管理事務所	03−3350−0152
〔墓苑管理事務所〕	
千鳥ヶ淵戦没者墓苑管理事務所	03−3262−2030
生物多様性センター	0555−72−6031

外局

原子力規制庁	(代)03−3581−3352

地方支分部局

〔地方環境事務所〕

北海道地方環境事務所	011−299−1950
東北地方環境事務所	022−722−2870
福島地方環境事務所	024−573−7330
関東地方環境事務所	048−600−0516
中部地方環境事務所	052−955−2130
近畿地方環境事務所	06−6881−6500
中国四国地方環境事務所	086−223−1577
九州地方環境事務所	096−322−2400

施設等機関

環境調査研修所	(代)04−2994−9303
国立水俣病総合研究センター	(代)0966−63−3111

国立研究開発法人・独立行政法人

国立環境研究所	029−850−2314
環境再生保全機構	044−520−9501

環境省住所一覧

名　称　　　　　　　　　　(住所・TEL)

～本　省～

〒100-8975　東京都千代田区霞が関1-2-2
中央合同庁舎5号館
03(3581)3351（代表）

～外　局～

原子力規制委員会／原子力規制庁

〒106-8450　東京都港区六本木1-9-9
六本木ファーストビル

03(3581)3352

～地方支分部局～

■環境事務所
北海道地方環境事務所

〒060-0808　北海道札幌市北区北8条西
2丁目
札幌第1合同庁舎3階

011(299)1950

東北地方環境事務所

〒980-0014　宮城県仙台市青葉区本町3丁目2-23
仙台第2合同庁舎6F

022(722)2870

福島地方環境事務所

〒960-8031　福島県福島市栄町11-25
AXCビル6階

024(573)7330

関東地方環境事務所

〒330-9720　埼玉県さいたま市中央区新都心
1番地1
さいたま新都心合同庁舎1号館
6階

048(600)0516

中部地方環境事務所

〒460-0001　愛知県名古屋市中区三の丸2-5-2

052(955)2130

近畿地方環境事務所

〒530-0042　大阪府大阪市北区天満橋1-8-75
桜ノ宮合同庁舎4階

06(6881)6500

中国四国地方環境事務所

〒700-0907　岡山県岡山市北区下石井1丁目4番1号
岡山第2合同庁舎11F

086(223)1577

九州地方環境事務所

〒860-0047　熊本県熊本市西区春日2-10-1
熊本地方合同庁舎B棟4階

096(322)2400

～地方機関～

■国民公園管理事務所

皇居外苑管理事務所　〒100-0002　東京都千代田区皇居外苑1-1
03(3213)0095

京都御苑管理事務所　〒602-0881　京都府京都市上京区京都御苑3
075(211)6348

新宿御苑管理事務所　〒160-0014　東京都新宿区内藤町11番地
03(3350)0152

■墓苑管理事務所
千鳥ケ淵戦没者墓苑管理事務所

〒102-0075　東京都千代田区三番町2

03(3262)2030

■生物多様性センター　〒403-0005　山梨県富士吉田市上吉田剣丸尾
5597-1

0555(72)6031

～施設等機関～

環境調査研修所

〒359-0042　埼玉県所沢市並木3-3
04(2994)9303

国立水俣病総合研究センター

〒867-0008　熊本県水俣市浜4058-18
0966(63)3111

～関連機関等～

国立研究開発法人国立環境研究所

〒305-8506　茨城県つくば市小野川16-2
029(850)2314

独立行政法人環境再生保全機構

〒212-8554　神奈川県川崎市幸区大宮町
1310番
ミューザ川崎セントラルタワー
044(520)9501

中間貯蔵・環境安全事業株式会社(JESCO)

〒105-0014　東京都港区芝1-7-17
住友不動産芝ビル3号館3.4.5.7F
03(5765)1911

地球環境パートナーシッププラザ(GEOC)

〒150-0001　東京都渋谷区神宮前5-53-70
国連大学ビル1F
03(3407)8107

全国地球温暖化防止活動推進センター(JCCCA)

〒102-0074　東京都千代田区九段南3-9-12
九段ニッカナビル7階
03(6273)7785

公益財団法人地球環境戦略研究機関(IGES)

〒240-0115　神奈川県三浦郡葉山町上山口
2108-11
046(855)3700

環境省常設審議会

◆審議会

中央環境審議会	環境省大臣官房総務課
	03 (5521) 8210　会長　高村　ゆかり
	東京大学未来ビジョン研究センター教授

◆部会

総 合 政 策 部 会　部会長　武内　和彦
公益財団法人地球環境戦略研究機関理事長、東京大学特任教授

循 環 型 社 会 部 会　部会長　酒井　伸一
京都大学環境安全保健機構附属環境科学センター長・教授

環 境 保 健 部 会　部会長　大塚　　直
早稲田大学大学院法務研究科教授

地 球 環 境 部 会　部会長　大塚　　直
早稲田大学大学院法務研究科教授

大気・騒音振動部会　部会長　大原　利眞
埼玉県環境科学国際センター研究所長

水環境・土壌農薬部会　部会長　古米　弘明
東京大学大学院工学系研究科教授

自 然 環 境 部 会　部会長　武内　和彦
公益財団法人地球環境戦略研究機関理事長、東京大学特任教授

動 物 愛 護 部 会　部会長　新美　育文
明治大学名誉教授

環境省申請・届出等手続き一覧

・**遺伝資源の取得及び利用に関する報告**
名古屋議定書の国内措置である遺伝資源の取得の機会及びその利用から生ずる利益の公正かつ衡平な配分に関する指針に基く、遺伝資源の取得及び利用に係る環境大臣への報告

・**特定特殊自動車の技術基準適合の確認証再交付申請**
特定特殊自動車の使用者が、確認証を滅失し、又はき損したときに、確認証の再交付を申請するときに行う手続き

・**特定特殊自動車の技術基準適合の確認申請**
法第17条第1項ただし書きの確認を受けようとするものが、当該特定特殊自動車の検査を受け、特定原動機技術基準及び特定特殊自動車技術基準に適合することの確認を主務大臣に受けるときに行う手続き

・**少数生産特定特殊自動車の記載事項の変更の承認申請**
少数生産車承認事業者が当該少数承認に係る添付書面の記載事項を変更したときに行う手続き

・**少数生産特定特殊自動車の記載事項の変更の届出**
少数生産車承認事業者が当該少数承認に係る申請書の記載事項を変更したときに行う手続き

・**少数生産特定特殊自動車の製作等の廃止届出**
少数生産車承認事業者が、承認を受けた型式の少数生産車の製作等をしなくなったときに行う手続き

・**少数生産特定特殊自動車の特例の失効届出**
少数生産車承認事業者が、承認後に製作等をした台数が百台に達し承認の効力を失ったときにその旨を届出するときに行う手続き

・**少数生産特定特殊自動車の報告**
少数生産車承認事業者が、承認を受けた型式の少数生産車の前年度における製作等台数を、毎年度、主務大臣に報告するときに行う手続き

・**少数生産特定特殊自動車の特例承認**

・**型式届出特定特殊自動車の記載事項の変更の届出**
 型式届出特定特殊自動車製作等事業者が当該型式届出に係る届出書ま
 たはその添付書面の記載事項を変更したときに行う手続き

・**特定特殊自動車の型式届出**
 特定特殊自動車製作等事業者が、その製作等に係る特定特殊自動車に
 型式指定原動機を搭載し、かつ、当該特定特殊自動車と同一の型式に
 属する特定特殊自動車のいずれもが特定特殊自動車技術基準に適合す
 るものとなることを確保することができると認め届出するときに行う
 手続き

・**型式指定特定原動機の変更の承認申請**
 型式指定特定原動機製作等事業者が当該型式指定に係る添付書面のう
 ち規則第3条第2項各号（第4号及び第8号を除く）の記載事項を変更を
 したときに行う手続き

・**型式指定特定原動機の製作等を行わなくなった旨の届出**
 型式指定特定原動機製作等事業者が当該型式の特定原動機の製作等を
 しなくなったときに行う手続き

・**型式指定特定原動機の記載事項の変更の届出**
 型式指定特定原動機製作等事業者が当該型式指定に係る申請書又はそ
 の添付書面の記載事項のうち規則第3条第2項第4号に係る書面の変更
 をしたときに行う手続き

・**特定原動機の型式指定申請**
 特定原動機製作等事業者が、申請に係る特定原動機が特定原動機技術
 基準に適合し、かつ、均一性を有するものであるかどうかを判定する
 ことによって行う型式指定を主務大臣に申請するときに行う手続き

令和4年度環境省重点施策

令和4年度　環境省概算要求・要望の概要

(単位：億円)

【一般会計】

| | 令和3年度当初予算額 | 令和4年度 | | | |
		概算要求額	新たな成長推進枠要望額	計	対前年度比
一般政策経費等	1，474	1，369	535	1，904	129％

【エネルギー対策特別会計】

| | 令和3年度当初予算額 | 令和4年度 | | | |
		概算要求額	新たな成長推進枠要望額	計	対前年度比
エネルギー対策特別会計	1，606	1，902	271	2，173	135％

小 計

| | 令和3年度当初予算額 | 令和4年度 | | | |
		概算要求額	新たな成長推進枠要望額	計	対前年度比
一般会計＋エネ特	3，080	3，270	806	4，077	132％

【東日本大震災復興特別会計】

| | 令和3年度当初予算額 | 令和4年度 | | | |
		概算要求額	新たな成長推進枠要望額	計	対前年度比
東日本大震災復興特別会計	3，612	3，401	0	3，401	94％

合 計

| | 令和3年度当初予算額 | 令和4年度 | | | |
		概算要求額	新たな成長推進枠要望額	計	対前年度比
合　計	6，692	6，671	806	7，478	112％

※「防災・減災、国土強靱化のための5か年加速化対策」に係る経費については、予算編成過程で検討することとし、うち一部の経費は事項要求を行う。

※四捨五入等の理由により、計数が合致しない場合がある。

令和4年度　環境省重点施策

≪基本的方向≫

　豪雨の頻発など**気候危機**がますます顕在化するとともに、**生物多様性の損失、廃棄物の大量発生**など、大量生産・大量消費・使い捨て型の経済活動・日常生活が地球環境に限界をもたらしつつある。こうした状況に対し、昨年6月、環境省は「**気候危機**」を宣言し、11月には衆参両院で「**気候危機非常事態宣言**」が決議された。

　昨年10月、菅総理が **2050年までのカーボンニュートラル**を表明した。12月には経済産業大臣及び環境大臣に対して**カーボンプライシングの導入検討**を指示し、今年1月の施政方針演説では、2035年までの新車販売に占める**電動車比率100%**の実現を宣言した。

　また、本年4月には、2030年度に温室効果ガスを **46%削減**し、さらに **50%の高みに挑戦**することを宣言した。5月には2050年までのカーボンニュートラルの法定化を含む**改正地球温暖化対策推進法**が成立し、6月には2030年までに**脱炭素先行地域100カ所以上の創出**を目指す**地域脱炭素ロードマップ**を決定した。同月のG7サミットでは、排出削減策のない海外石炭火力への直接支援の年内終了に合意した。さらに、同月に閣議決定された骨太の方針では、「**グリーン社会の実現**」が4つの成長の原動力の筆頭に掲げられた。

　こうした動きに呼応し、**ゼロカーボンシティ**を表明する自治体の人口規模が1億人を突破し、TCFD賛同企業数は世界1位、SBT・RE100宣言企業は世界2位となるなど、地域や企業の取組が進展している。

　今後は、今までの延長線上ではない、**社会全体の行動変容**に向けて、**あらゆる主体の取組の更なる後押し**と、**ライフスタイルの転換**が必要である。このため、カーボンプライシング、ルール、予算・減税などの**ポリシーミックスの構築、環境行政の体制強化**など、あらゆる施策の総動員が求められる。

　環境省では、こうした時代の要請に対応し、**温室効果ガス46%削減、サーキュラーエコノミー関連ビジネス市場規模80兆円以上、陸・海の保護区域等30%確保（30by30）、脱炭素インフラ輸出1兆円**を始め、**2030年ターゲットの達成**に向けて集中的な取組を進める。

　また、環境庁創設から50年、環境省創設から20年を経た今、**公害健康被害の救済・補償を始めとする環境省の不変の原点を追求する取組**を着実に進めていく。

　さらに、東日本大震災・原発事故からの復興・再生については、放射性物質による汚染からの環境再生に向けて、**福島県内の除去土壌等の30年以内の県外最終処分**という約束を果たすべく全力で取り組むとともに、**未来志向の取組**を展開する。これらの取組は、不変でありながら、たゆまず改善を図りながら進めていく。

　以上のような、**「時代の要請への対応」**と**「不変の原点の追求」という2つのコア・ミッションの実現**に向けて、選択と集中を進めながら取り組む。

　こうした方針に基づき、環境省では以下の施策を重点的に展開していく。

1. 時代の要請への対応

1-1.「脱炭素社会」への移行

パリ協定の2度目標、1.5度努力目標の達成を目指し、脱炭素社会への移行を加速することが重要である。我が国は、<u>2050年カーボンニュートラル</u>に向けて、2030年度に温室効果ガスを<u>46%削減</u>し、さらに<u>50%の高み</u>に挑戦する。

その実現に向け、<u>地域脱炭素ロードマップ</u>に基づき、複数年度にわたる継続的・包括的な支援スキームとして<u>新たな交付金制度や財政投融資を活用した出資制度の創設</u>を図るとともに、<u>地域脱炭素加速化のための制度的検討</u>を行い、改正地球温暖化対策推進法による<u>再エネ促進区域の設定</u>の促進と一体となって、脱炭素先行地域づくりと重点対策の全国実施を推進する。

また、地域の実施体制と国の積極支援のメカニズムを構築するとともに、<u>ポイント制度</u>に取り組む企業や地域の支援やCO_2の見える化等による<u>社会全体の行動変容の後押し</u>や、洋上風力発電導入促進、地熱発電施設数倍増、住宅・建築物の脱炭素化に向けた対策強化のための<u>ルールの見直し</u>、企業の削減取組等のスタンダードを示す指針の策定を進める。

さらに、3000兆円の民間資金を活用するESG金融の更なる普及、<u>地域におけるESG金融の拡大</u>を図るとともに、<u>中小企業等向け「CO_2削減比例型」設備導入支援を通じたグリーンリカバリー対策</u>や、<u>企業の脱炭素経営や環境情報開示</u>を後押しする。

加えて、COP26までに地球温暖化対策計画を改定する。

気候変動適応計画についても COP26 までに改定し、<u>熱中症年間死亡者数1千人以下</u>の速やかな実現を目指した<u>熱中症対策</u>（<u>サブスクリプション型のエアコン普及等</u>）、激甚化する風水害等への備えとしての災害廃棄物対策、日本の防災技術・知見を活用した国際貢献を始めとした<u>適応施策</u>を推進する。

(金額は億円単位)

(1) 地域脱炭素ロードマップの実践

① 脱炭素先行地域づくり、脱炭素の基盤となる重点対策の全国実施

・ 地域脱炭素移行・再エネ推進交付金【エネ特】	200（新規）
・ 脱炭素化に資する民間事業への投資加速のための出資制度の創設【財投】	（22ページ参照）
・ 公共施設への太陽光発電等自立・分散型エネルギー設備導入支援（地域レジリエンス・脱炭素化を同時実現する公共施設への自立・分散型エネルギー設備導入推進事業）【エネ特】	100（50）
・ 初期費用ゼロ型太陽光発電等の全国導入加速化支援（PPA 活用による地域の再エネ主力化・レジリエンス強化促進事業）【エネ特】	165（50）
・ 太陽光発電の導入加速化調査支援（地域脱炭素実現に向けた再エネの最大限導入のための計画づくり支援事業の一部）【エネ特】	29 の内数（12 の内数）
・ 電動車×再エネの同時導入による脱炭素型カーシェア・防災拠点化促進事業【エネ特】	10（新規）

（金額は億円単位）

- 物流（ラストワンマイル）のバッテリー交換式 EV 等導入支援（バッテリー交換式 EV とバッテリーステーション活用による地域貢献型脱炭素物流等構築事業）【エネ特】　18（12）
- 建築物の ZEB・省 CO2 化促進支援（建築物等の脱炭素化・レジリエンス強化促進事業）【エネ特】　100（60）
- 住宅の ZEH・省 CO2 化促進支援（戸建住宅 ZEH 化等支援事業、集合住宅の省 CO2 化促進事業）【エネ特】　130（110）

②地域の実施体制構築と国の積極支援のメカニズム構築
- 地域脱炭素のための自治体支援基盤ツールの整備（ゼロカーボンシティ実現に向けた地域の気候変動対策基盤整備事業）【エネ特】　8（8）
- 再生可能エネルギー資源発掘・創生のための情報提供システム整備事業【エネ特】　9（5）
- 地域脱炭素実現に向けた再エネの最大限導入のための計画づくり支援【エネ特】　29（12）

③社会全体の行動変容の後押し
- 食とくらしの「グリーンライフポイント」推進事業（仮称）　10（新規）
- 食品廃棄ゼロエリア創出モデル事業　1 の内数（新規）
- 製品・サービスの温室効果ガス排出量の見える化等促進（企業の脱炭素経営実践促進事業の一部）【エネ特】　6 の内数（6 の内数）
- ナッジ×デジタルによる脱炭素型ライフスタイル転換促進事業【エネ特】　22（新規）

④社会を脱炭素に向けるルールの見直し
- 洋上風力発電の導入促進に向けた環境保全手法の最適化実証等事業【エネ特】　5（新規）
- 地域共生型地熱利活用に向けた方策等検討事業【エネ特】　3（新規）

⑤ESG 金融や脱炭素経営の促進
- ESG 金融実践促進事業【エネ特】　3（新規）
- グリーンリカバリーの実現に向けた中小企業等向け CO2 削減比例型設備導入支援事業【エネ特】　10（新規）
- 企業の脱炭素経営実践促進事業【エネ特】　6（6）

≪制度的対応≫
- ○　地域脱炭素の加速化のための制度的対応の検討
- ○　地球温暖化対策計画の改定

（2）熱中症対策を始めとした適応施策の推進

- 熱中症対策推進事業（サブスクリプション型のエアコン普及等）　　　　3（2）
- 気候変動影響評価・適応推進事業　　　　8（8）

≪制度的対応≫

○　気候変動適応計画の改定

資

料

1-2.「循環経済（サーキュラー・エコノミー)」への移行

有限な地球環境の下で持続可能な社会経済システムを実現するためには、使い捨て社会から捨てない社会に移行し、循環経済を実現することが重要である。

2030年までに**サーキュラーエコノミー関連ビジネスの市場規模を80兆円以上**とすることを目指し、**プラスチック資源循環法**に基づくプラスチックの排出抑制等を推進するほか、**使用済み製品等のリユース**等の普及や、ファッションロス削減など**サステナブル・ファッション**の推進のための調査検討や情報発信、**食品ロス対策**、「所有」から「利用」への転換を促すシェアリングやサブスクリプション型サービスの普及を進める。

また、持続可能でレジリエントな廃棄物処理体制を構築し、災害廃棄物対策の体制を整備するとともに、一般廃棄物・浄化槽施設の整備を推進する。

(金額は億円単位)

（1） 循環経済への移行の加速化

・ 循環経済移行促進事業	5 (4)
・ プラスチック代替素材への転換・社会実装支援（脱炭素社会を支えるプラスチック等資源循環システム構築実証事業)【エネ特】	36 (36)
・ プラスチック省CO2型高度リサイクル等設備導入支援（脱炭素社会構築のための資源循環高度化設備導入促進事業)【エネ特】	108 (43)
・ プラスチック資源循環等推進事業費	3 (2)
・ 市区町村によるプラスチック資源の分別収集に係る地方財政措置	－
・ 使用済み製品等のリユース等促進事業	0.8 (0.3)
・ 食品ロス削減及び食品廃棄物等の3R推進事業費	1 (1)
・ 電動車×再エネの同時導入による脱炭素型カーシェア・防災拠点化促進事業【エネ特】（再掲）	10 (新規)
・ 熱中症対策推進事業（サブスクリプション型のエアコン普及等）（再掲）	3 (2)

≪制度的対応≫
　　○　サーキュラーエコノミーへの移行を加速するための工程表の策定

（2）レジリエントな廃棄物処理体制の構築

・ 大規模災害に備えた廃棄物処理体制検討事業	9 (3)
・ 一般廃棄物処理施設の整備【一部エネ特】	694＋事項要求 (541)
・ 浄化槽の整備【一部エネ特】	114 (104)

1-3.「分散型社会」への移行

ウイズコロナの時代において、自然・健康への関心も高まる中、地域の自然の保護と利用を図りながら分散型社会への移行を進めることが重要である。

このため、生物多様性国家戦略を改定し、2030年までの**陸・海の保護区域等30%確保（30by30）**の実現を目指す。また、生物多様性保全の取組と、脱炭素社会・循環経済への移行の取組との相乗効果を発揮させるため、**自然を活用した解決策（NbS）**の戦略的取組を推進し、生物多様性の回復を実現する。

具体的には、国立公園等の区域拡張や世界水準を目指した魅力向上に加えて、**保護地域以外の生物多様性保全に資する地域**（OECM：Other Effective area-based Conservation Measures）としての民間取組等を促すための仕組み・データの整備、生態系を活用した防災・減災、鳥獣保護管理、外来生物対策強化を推進する。

また、これらを盛り込んだ30by30ロードマップや新国家戦略を策定する。

さらに、改正自然公園法等に基づく自然を活用した地域活性化を進めるとともに、**ゼロカーボンパーク**の取組や、分散型電源としての地域共生型地熱利活用、改正瀬戸内海環境保全特別措置法に基づく**豊かな海づくり**を推進する。

（金額は億円単位）

（1）生物多様性国家戦略の改定（30by30実現）

- ・ 生物多様性国家戦略推進費 　　　　　　　　　　　　　　　　　　0.5（0.3）
- ・ ポスト2020生物多様性枠組の経済的事項に関する実施及び交渉等支援費 　0.6（0.5）
- ・ 国立・国定公園新規指定等推進事業費 　　　　　　　　　　　　　　0.6（0.6）
- ・ OECMを活用した健全な生態系の回復及び連結促進事業 　　　　　　2（新規）
- ・ 国立公園インターンシッププログラム支援事業費 　　　　　　　0.4（新規）
- ・ 自然生態系を基盤とする防災減災推進費 　　　　　　　　　　　　0.8（0.8）
- ・ 指定管理鳥獣捕獲等事業費 　　　　　　　　　　　　　　　　　　27（1）

（2）生物多様性保全×脱炭素×循環経済

- ・ 国立公園満喫プロジェクト等推進事業【一部エネ特】 　　　124＋事項要求（110）
- ・ 地域共生型地熱利活用に向けた方策等検討事業【エネ特】（再掲） 　3（新規）
- ・ 里山未来拠点形成支援事業（「生物多様性保全推進支援事業」の内数） 　0.4（0.4）
- ・ 豊かさを実感できる海の再生事業 　　　　　　　　　　　　　　　2（2）

≪制度的対応≫

　○　生物多様性国家戦略の改定（30by30達成に向けたロードマップの組み込み）

　○　外来生物対策の推進のための制度的対応の検討

1−4. カーボンプライシング

> 2050年カーボンニュートラル、2030年度温室効果ガス46%削減の実現に向けては、今までの延長線上にない、社会全体の行動変容を後押しする政策を総動員することが必要である。
>
> このため、ルールの見直しや予算・減税などの措置と併せ、**カーボンプライシング**について、様々な政策とのポリシーミックスや脱炭素に向けた代替技術の開発状況等も考慮しつつ、産業の競争力強化やイノベーション、投資促進につながるよう、成長に資するものについて、躊躇なく取り組む。

(金額は億円単位)

○ 成長に資するカーボンプライシングの取組

- カーボンプライシング導入調査事業【エネ特】   3（3）
- 税制全体のグリーン化推進検討経費   0.3（0.3）
- J−クレジット×デジタル推進事業（温室効果ガス排出に関するデジタルガバメント構築事業の一部）【エネ特】   8の内数（8の内数）
- J−クレジット制度運営・促進事業（温室効果ガス関連情報基盤整備事業の一部）【一部エネ特】   10の内数（10の内数）

≪税制改正要望≫   ※18ページに再掲

○ カーボンニュートラルに向けたカーボンプライシングを含むポリシーミックスの推進

カーボンプライシングについては、産業競争力の強化やイノベーション、投資促進につながるよう、成長に資するものについて躊躇なく取り組むこととしている。このため、政府において、成長戦略実行計画（令和3年6月18日閣議決定）を踏まえつつ、ポリシーミックスの中で、年内に一定の方向性の取りまとめをすべく、そのあり方について検討過程であるところ、現下の経済情勢や代替手段の有無等、国際的な動向や我が国の事情、先行する自治体の取組、産業の国際競争力への影響、脱炭素化に向けたイノベーション支援等を含めて専門的・技術的な議論を着実に進め、その成果を踏まえたカーボンプライシングについての対応を行う。

○ 税制全体のグリーン化

平成24年10月から施行されている「地球温暖化対策のための税」を着実に実施し、省エネルギー対策、再生可能エネルギー普及、化石燃料のクリーン化・効率化などのエネルギー起源二酸化炭素排出抑制の諸施策に充当する。また、揮発油税等について、グリーン化の観点から「当分の間税率」を維持し、その税収を地球温暖化対策等に優先的に充当する。

1－5．環境外交の強化

国際連携による地球環境問題の解決のためには、環境外交の強化が重要である。

具体的には、**気候変動COP26**におけるパリ協定6条を含む国際ルールづくりや**生物多様性COP15**におけるポスト2020枠組づくりとそれらの実施に向けた制度的検討、大阪ブルー・オーシャン・ビジョンの実現に向けた**海洋プラスチックごみに対処する新たな国際的枠組づくり**に、**主導的な役割を果たす**。

また、「脱炭素インフラ イニシアティブ」に基づき、日米・インド太平洋地域の連携を図り、2030年に**脱炭素インフラ輸出１兆円**を目指してJCMを拡大し、透明性向上の支援や長期戦略策定を含む包括的な**途上国の脱炭素移行支援**を進めるとともに、**循環産業の海外展開**に取り組む。

（金額は億円単位）

（１）環境外交の主導

- 生物多様性条約等拠出金（SATOYAMAイニシアティブ等）　　　　　　　4（4）
- ポスト2020生物多様性枠組の経済的事項に関する実施及び交渉等支援費（再掲）　　　　　　　0.6（0.5）
- 海洋プラスチックごみ総合対策費（国際連携等）　　　　　　　2（2）
- GOSATシリーズによる排出量検証に向けた技術高度化事業等【一部エネ特】　　　　　　　57（31）

（２）脱炭素インフラの海外展開

- 脱炭素移行促進に向けた二国間クレジット制度（JCM）資金支援事業【エネ特】　　　　　　　144（114）
- アジアの企業等の温室効果ガス排出量の透明性向上支援事業（脱炭素移行支援基盤整備事業の一部）【エネ特】　　　20の内数（22の内数）
- 環境国際協力・インフラ戦略推進費　　　　　　　5（5）
- 循環産業の海外展開支援基盤整備事業　　　　　　　4（4）
- アジア・アフリカ諸国における３Ｒの戦略的実施支援事業拠出金　　　　　　　0.9（0.9）

2．不変の原点の追求

2－1．人の命と環境を守る基盤的取組

> ウィズコロナ・ポストコロナ時代においても、環境省の使命である**人の命と環境を守る基盤的な取組**を着実に進めることが重要である。
>
> このため、水俣病や石綿に係る公害健康被害に対する救済・補償、化学物質等による健康被害の未然防止の観点からのエコチル調査、野生鳥獣に関する感染症やヒアリ対策、海岸漂着物対策を着実に推進する。
>
> また、犬猫の譲渡の促進等を通じて、**動物愛護管理**を強化する。

(金額は億円単位)

（1）人の命と健康、環境を守る基盤的な取組

・ 水俣病総合対策関係経費	111（110）
・ 石綿飛散防止総合対策費	1（2）
・ 子どもの健康と環境に関する全国調査（エコチル調査）	62（56）
・ 野生鳥獣に関する感染症対策基盤事業	0.5（0.5）
・ 国内へのヒアリの定着防止等（外来生物対策管理事業費、特定外来生物防除等 推進事業）	7（7）
・ 海岸漂着物等地域対策推進事業	37（2）

（2）動物愛護管理の強化

・ 動物収容・譲渡対策施設整備費補助	2（2）
・ 犬猫の譲渡促進等に係る総合推進費	0.5（新規）

2－2．東日本大震災からの復興・再生と未来志向の取組

東日本大震災・原発事故からの復興・再生に向けて、福島県内の除去土壌等の30年以内の県外最終処分という約束を果たすべく全力で取り組むことが重要である。

放射性物質の除染、中間貯蔵施設事業、汚染廃棄物処理、除去土壌の再生利用実証事業等を着実に実施するとともに、県外最終処分に向けて再生利用等に関する**全国での理解醸成活動を更に展開**するなど、**環境再生**に取り組む。

また、「ALPS処理水の処分に関する基本方針」に基づき、ALPS処理水放出に係る**海域環境のモニタリング**を行う。

さらに、福島県との連携協力協定に基づく**脱炭素×復興まちづくり**や**ふくしまグリーン復興構想**、放射線の健康影響や福島県産「食」に関する風評の払拭を目指した取組の推進により、未来志向の取組を推進する。

（金額は億円単位）

（1）環境再生に向けた取組等の着実な実施

- 中間貯蔵施設の整備等【復興特】 　　　　　　　　　　　　　　　　　　1,981（1,872）
- 除去土壌等の適正管理・搬出等の実施【復興特】 　　　　　　　　　　　271（253）
- 特定復興再生拠点整備事業【復興特】 　　　　　　　　　　　　　　　　444（637）
- 放射性物質汚染廃棄物処理事業【復興特】 　　　　　　　　　　　　　　601（718）
- 東日本大震災被災地における環境モニタリング調査（ALPS処理水放出　　　8（5）
  に係る海域環境のモニタリングを含む）【復興特】

（2）未来志向の復興加速 ～希望ある未来へのリデザイン～

- 「脱炭素×復興まちづくり」推進事業【エネ特】 　　　　　　　　　　　　5（5）
- 放射線健康管理・健康不安対策事業費 　　　　　　　　　　　　　　　　13（13）
- 国立公園満喫プロジェクト等推進事業【一部エネ特】（再掲）の一部 　124＋事項要求（110）

令和4年度　予算案における主な事業リスト

1．気候変動対策 （金額は億円単位）

(1)　脱炭素社会の実現に向けた技術・社会システムのイノベーションの実践

・地域脱炭素移行・再エネ推進交付金【エネ特】	200（新規）
・地域レジリエンス・脱炭素化を同時実現する公共施設への自立・分散型エネルギー設備等導入推進事業【エネ特】	100（50）
・PPA活用等による地域の再エネ主力化・レジリエンス強化促進事業【エネ特】	165（50）
・地域脱炭素実現に向けた再エネの最大限導入のための計画づくり支援事業【エネ特】	29（12）
・電動車×再エネの同時導入による脱炭素型カーシェア・防災拠点化促進事業【エネ特】	10（新規）
・バッテリー交換式EVとバッテリーステーション活用による地域貢献型脱炭素物流等構築事業【エネ特】	18（12）
・建築物等の脱炭素化・レジリエンス強化促進事業【エネ特】	100（60）
・戸建住宅ネット・ゼロ・エネルギー・ハウス（ZEH）化等支援事業【エネ特】	66（66）
・集合住宅の省CO2化促進事業【エネ特】	65（45）
・ゼロカーボンシティ実現に向けた地域の気候変動対策基盤整備事業【エネ特】	8（8）
・再生可能エネルギー資源発掘・創生のための情報提供システム整備事業【エネ特】	9（5）
・食とくらしの「グリーンライフポイント」推進事業（仮称）	10（新規）
・企業の脱炭素経営実践促進事業【エネ特】	6（6）
・ナッジ×デジタルによる脱炭素型ライフスタイル転換促進事業【エネ特】	22（新規）
・洋上風力発電の導入促進に向けた環境保全手法の最適化実証等事業【エネ特】	5（新規）
・地域共生型地熱利活用に向けた方策等検討事業【エネ特】	3（新規）
・グリーンリカバリーの実現に向けた中小企業等向けCO2削減比例型設備導入支援事業【エネ特】	10（新規）
・カーボンプライシング導入調査事業【エネ特】	3（3）
・温室効果ガス排出に関するデジタルガバメント構築事業【エネ特】	8（8）
・温室効果ガス関連情報基盤整備事業【一部エネ特】	10（10）
・脱炭素イノベーションによる地域循環共生圏構築事業【エネ特】	80（80）
・浮体式洋上風力発電による地域の脱炭素化ビジネス促進事業【エネ特】	4（4）

（金額は億円単位）

- 工場・事業場における先導的な脱炭素化取組推進事業【エネ特】 　40（40）
- 地域共創・セクター横断型カーボンニュートラル技術開発・実証事業【エネ特】 　60（新規）
- 脱炭素社会構築に向けた再エネ等由来水素活用推進事業【エネ特】 　77（66）
- 既存システムの脱炭素化移行可能性に係るアンモニア燃焼時の NOx 削減や蓄熱等技術評価・検証事業【エネ特】 　0.7（0.7）
- CCUS 早期社会実装のための環境調和の確保及び脱炭素・循環型社会モデル構築事業【エネ特】 　80（80）
- 潮流発電による地域の脱炭素化モデル構築事業【エネ特】 　7（新規）
- 離島における再エネ主力化・レジリエンス強化実証事業【エネ特】 　4（4）
- 革新的な省 CO2 型感染症対策技術等の実用化加速のための実証事業【エネ特】 　18（18）
- 革新的な省 CO2 実現のための部材（GaN）や素材（CNF）の社会実装・普及展開加速化事業【エネ特】 　40（18）
- 木材の再利用による CE×CN の同時達成方策評価検証事業【エネ特】 　1（新規）
- 2050 年カーボンニュートラルの実現に向けた中長期的な温室効果ガス排出削減対策検討調査費【一部エネ特】 　7（7）
- 森林等の吸収源対策に関する国内体制整備確立検討費 　0.3（0.3）

（2）**総合的なフロン排出抑制対策の促進**
- 脱フロン・低炭素社会の早期実現のための省エネ型自然冷媒機器導入加速化事業【エネ特】 　73（73）
- IoT を活用したフロン類漏えい検知技術評価・検証事業【エネ特】 　1（新規）
- 国際パートナーシップを活用した高効率ノンフロン機器導入拡大等事業【エネ特】 　2（2）
- フロン等対策推進調査費 　3（3）
- 代替フロンの回収・破壊事業（「二国間クレジット制度の構築等事業」の内数） 　0.6（0.6）

（3）**適応施策の更なる推進**
- 熱中症対策推進事業（サブスクリプション型のエアコン普及等） 　3（2）
- 気候変動影響評価・適応推進事業 　8（8）

（4）**イノベーションを通じた世界全体の脱炭素化の牽引に向けた国際協力**
- GOSAT シリーズによる排出量検証に向けた技術高度化事業等【一部エネ特】 　57（31）
- 脱炭素移行促進に向けた二国間クレジット制度（JCM）資金支援事業【エネ特】 　144（114）
- 脱炭素移行支援基盤整備事業【一部エネ特】 　21（22）
- 脱炭素移行支援関連拠出・分担金【エネ特】 　2（3）
- 環境国際協力・インフラ戦略推進費 　5（5）
- パリ協定の実施に向けた検討経費 　2（2）
- 国際連携戦略推進費 　2（2）

資料

2．東日本大震災からの復興・再生 （金額は億円単位）

・中間貯蔵施設の整備等【復興特】	1,981(1,872)
・除去土壌等の適正管理・搬出等の実施【復興特】	271(253)
・特定復興再生拠点整備事業【復興特】	444(637)
・放射性物質汚染廃棄物処理事業【復興特】	601(718)
・東日本大震災被災地における環境モニタリング調査（ALPS 処理水放出に係る海域環境のモニタリングを含む）【復興特】	8(5)
・「脱炭素×復興まちづくり」推進事業【エネ特】	5(5)
・放射線健康管理・健康不安対策事業費	13(13)
・国立公園満喫プロジェクト等推進事業【一部エネ特】の一部	124＋事項要求(110)

3．循環型社会の形成

（1）国内での資源循環の促進

・循環経済移行促進事業	5(4)
・プラスチック資源循環等推進事業費	3(2)
・使用済み製品等のリユース等促進事業	0.8(0.3)
・リサイクルシステム統合強化による循環資源利用高度化促進事業	3(3)
・食品ロス削減及び食品廃棄物等の3R推進事業費	1(1)
・脱炭素社会構築のための資源循環高度化設備導入促進事業【エネ特】	108(43)
・脱炭素社会を支えるプラスチック等資源循環システム構築実証事業【エネ特】	36(36)
・地域資源循環を通じた脱炭素化に向けた革新的触媒技術の開発・実証事業【エネ特】	20(新規)
・デジタル技術の活用等による脱炭素型資源循環システム創生実証事業【エネ特】	4(2)
・大規模災害に備えた廃棄物処理体制検討事業	9(3)
・脱炭素化・先導的廃棄物処理システム実証事業【エネ特】	5(4)
・一般廃棄物処理施設の整備【一部エネ特】	694＋事項要求(541)
・感染症等に対応する強靱で持続可能な廃棄物処理体制の構築支援業務	0.4(0.5)
・浄化槽の整備【一部エネ特】	114(104)
・廃棄物処理×脱炭素化によるマルチベネフィット達成促進事業【エネ特】	20(20)
・PCB 廃棄物の適正な処理の推進等	84(46)
・産業廃棄物不法投棄等原状回復措置推進費補助金	8(0.6)
・災害等廃棄物処理事業費補助金	2(2)
・廃棄物処理施設災害復旧事業費補助	9(0.3)
・熱中症対策推進事業(サブスクリプション型のエアコン普及等)(再掲)	3(2)

（2）資源循環の国際展開

・循環産業の海外展開支援基盤整備事業	4(4)
・アジア・アフリカ諸国における3Rの戦略的実施支援事業拠出金	0.9(0.9)

資料

4．自然との共生・生物多様性の保全と持続可能な利用　　（金額は億円単位）

（1）コロナ禍を乗り越える新たなライフスタイル・ビジネス
・地域共生型地熱利活用に向けた方策等検討事業【エネ特】（再掲）　　3（新規）
・国立公園満喫プロジェクト等推進事業【一部エネ特】（再掲）　　124＋事項要求（110）
・国立公園インターンシッププログラム支援事業費　　0.4（新規）
・国立公園等民間活用特定自然環境保全活動（グリーンワーカー）事業費　　3（3）
・温泉の保護及び安全・適正利用推進費　　0.4（0.3）
・自然公園等事業等　　99＋事項要求（83）

（2）生物多様性保全に向けた国内外の新たな枠組みづくり
・生物多様性条約等拠出金（SATOYAMA イニシアティブ等）　　4（4）
・生物多様性国家戦略推進費　　0.5（0.3）
・ポスト 2020 生物多様性枠組の経済的事項に関する実施及び交渉等支援費　　0.6（0.5）
・OECM を活用した健全な生態系の回復及び連結促進事業　　2（新規）
・国立・国定公園新規指定等推進事業　　0.6（0.6）
・自然生態系を基盤とする防災減災推進費　　0.8（0.8）
・自然環境保全基礎調査費　　0.8（0.6）
・国際希少野生動植物種流通管理対策費　　0.7（0.5）
・生物多様性保全推進支援事業　　2（2）
・離島希少種保全対策事業費　　2（0.6）

（3）里山保全・鳥獣管理・外来種防除等を通じた野生との適切な距離の確保
・里山未来拠点形成支援事業（「生物多様性保全推進支援事業」の内数）　　0.4（0.4）
・指定管理鳥獣捕獲等事業費　　27（1）
・野生鳥獣に関する感染症対策基盤事業　　0.5（0.5）
・国内へのヒアリの定着防止等（外来生物対策管理事業費、特定外来生物防除等推進事業）　　7（7）

（4）動物愛護管理の強化
・動物適正飼養推進・基盤強化事業　　2（2）
・動物収容・譲渡対策施設整備費補助　　2（2）
・犬猫の譲渡促進等に係る総合推進費　　0.5（新規）

5.環境リスクの管理　　　　　　　　　　　　　　　　　　（金額は億円単位）

（1）多様な環境リスクの低減
・石綿飛散防止総合対策費　　　　　　　　　　　　　　　　1(2)
・自動車等大気環境総合対策費　　　　　　　　　　　　　　2(2)
・自動車排出ガス・騒音規制強化等推進費　　　　　　　　　3(3)
・水質環境基準検討費　　　　　　　　　　　　　　　　　　2(2)
・土壌汚染対策費　　　　　　　　　　　　　　　　　　　　3(3)
・農薬登録基準等設定費　　　　　　　　　　　　　　　　　2(1)

（2）海洋プラスチックごみをはじめとする地球規模での環境リスク管理
・豊かさを実感できる海の再生事業　　　　　　　　　　　　2(2)
・海洋プラスチックごみ総合対策費（国際連携等）　　　　　2(2)
・海洋ごみに係る削減方策総合検討事業費　　　　　　　　　2(2)
・海岸漂着物等地域対策推進事業　　　　　　　　　　　　　37(2)

（3）化学物質管理
・子どもの健康と環境に関する全国調査（エコチル調査）　　62(56)
・PRTR制度運用・データ活用事業　　　　　　　　　　　　2(3)
・化学物質国際対応政策強化事業費　　　　　　　　　　　　0.4(0.4)

（4）環境保健対策
・水俣病総合対策関係経費　　　　　　　　　　　　　　　　111(110)
・石綿読影の精度確保等調査事業　　　　　　　　　　　　　2(2)

6. 総合的な環境政策の推進及びそのための基盤強化 （金額は億円単位）

（1）地域循環共生圏の創造
- 地域脱炭素移行・再エネ推進交付金【エネ特】（再掲） 200（新規）
- 地域レジリエンス・脱炭素化を同時実現する公共施設への自立・分散型エネルギー設備等導入推進事業【エネ特】（再掲） 100（50）
- ゼロカーボンシティ実現に向けた地域の気候変動対策基盤整備事業【エネ特】（再掲） 8（8）
- 地域脱炭素実現に向けた再エネの最大限導入のための計画づくり支援事業【エネ特】（再掲） 29（12）

（2）経済システムのグリーン化に向けた取組
- 税制全体のグリーン化推進検討経費 0.3（0.3）
- グリーンボンド等促進体制整備支援事業【エネ特】 5（5）
- 脱炭素社会の構築に向けた ESG リース促進事業【エネ特】 14（14）
- ESG 金融実践促進事業【エネ特】 3（新規）

（3）環境政策の基盤となる技術研究
- 国立環境研究所運営費交付金 179（165）
- 環境研究総合推進費関係経費 56（54）

（4）環境に配慮した事業活動へとつながる環境アセスメント
- ゼロカーボンシティ実現に向けた地域の気候変動対策基盤整備事業【エネ特】（再掲） 8（8）
- 地域脱炭素実現に向けた再エネの最大限導入のための計画づくり支援事業【エネ特】（再掲） 29（12）
- 洋上風力発電の導入促進に向けた環境保全手法の最適化実証等事業【エネ特】（再掲） 5（新規）

（5）幅広い政策分野における行動変容の促進
- 食とくらしの「グリーンライフポイント」推進事業（仮称）（再掲） 10（新規）
- 食品ロス削減及び食品廃棄物等の3R推進事業費（再掲） 1（1）
- 企業の脱炭素経営実践促進事業【エネ特】（再掲） 6（6）
- ナッジ×デジタルによる脱炭素型ライフスタイル転換促進事業【エネ特】（再掲） 22（新規）

令和4年度　環境省税制改正要望の概要

| 1. 税制全体のグリーン化の推進 |

　カーボンプライシングなどの市場メカニズムを用いる経済的手法は、産業の競争力強化やイノベーション、投資促進につながるよう、成長に資するものについて躊躇なく取り組む。

　国際的に、民間主導でのクレジット売買市場の拡大の動きが加速化していることも踏まえて、我が国における炭素削減価値が取引できる市場（クレジット市場）の厚みが増すような具体策を講じて、気候変動対策を先駆的に行う企業のニーズに早急に答えていく。

　具体的には、足下で、Jクレジットや非化石証書などの炭素削減価値を有するクレジットに対する企業ニーズが高まっている情勢に鑑み、まずは、これらのクレジットに係る既存制度を見直し、自主的かつ市場ベースでのカーボンプライシングを促進する。

　その上で、炭素税や排出量取引については、負担の在り方にも考慮しつつ、プライシングと財源効果両面で投資の促進につながり、成長に資する制度設計ができるかどうか、専門的・技術的な議論を進める。その際、現下の経済情勢や代替手段の有無等、国際的な動向や我が国の事情、先行する自治体の取組、産業の国際競争力への影響等を踏まえるものとする。

　加えて、我が国は、自由貿易の旗手としての指導力を存分に発揮しつつ、これと温暖化対策を両立する公正な国際ルールづくりを主導する。その際、炭素国境調整措置に関する我が国としての基本的考え方を整理した上で、EU等の議論の動向にも注視し、戦略的に対応する。

　新たな2030年度目標の達成や、その先の2050年カーボンニュートラルの実現に向け、とりわけ新築住宅については、省エネ性能の向上及び太陽光発電の設置によりZEH化を推進する必要がある。

　第5次環境基本計画（平成30年4月17日閣議決定）に基づき、企業や国民一人一人を含む多様な主体の行動に環境配慮を織り込み、環境保全のための行動を一層促進するために、以下のとおり、幅広い環境分野において税制全体のグリーン化を推進する。

（地球温暖化対策）
○　カーボンニュートラルに向けたカーボンプライシングを含むポリシーミックスの推進
　カーボンプライシングについては、産業競争力の強化やイノベーション、投資促進につながるよう、成長に資するものについて躊躇なく取り組むこととしている。このため、政府において、成長戦略実行計画（令和3年6月18日閣議決定）を踏まえつつ、ポリシーミックスの中で、年内に一定の方向性の取りまとめをすべく、そのあり方について検討過程であるところ、現下の経済情勢や代替手段の有無等、国際的な動向や我が国の事情、先行する自治体の取組、産業の国際競争力への影響、脱炭素化に向けたイノベーション支援等を含めて専門的・技術的な議論を着実に進め、その成果を踏まえたカーボンプライシングについての対応を行う。

○　**税制全体のグリーン化**
　平成 24 年 10 月から施行されている「地球温暖化対策のための税」を着実に実施し、省エネルギー対策、再生可能エネルギー普及、化石燃料のクリーン化・効率化などのエネルギー起源二酸化炭素排出抑制の諸施策に充当する。また、揮発油税等について、グリーン化の観点から「当分の間税率」を維持し、その税収を地球温暖化対策等に優先的に充当する。

（**住宅の脱炭素化**）
○　新たな 2030 年度目標の達成や、その先の 2050 年カーボンニュートラルの実現に向け、ZEH を消費者にとって身近なものとするとともに、供給面でも ZEH の普及を一層後押しするため、必要な検討を行い、所要の措置を講ずる。

（**自動車環境対策**）
○　地球温暖化対策・公害対策の一層の推進、汚染者負担の性格を踏まえた公害健康被害者補償のための安定財源確保の観点から、車体課税の一層のグリーン化を推進する。

※環境省が主の要望は◎

2. 個別のグリーン化措置

(1) 循環経済

➤ **一般廃棄物及び産業廃棄物の収集、運搬、処分その他公害防止又は資源有効利用事業用施設に係る非課税措置並びに資産割及び従業者割に係る課税標準の特例措置【拡充】(事業所税)(◎)**

・ プラスチック資源循環法に基づく自主回収・再資源化事業計画の認定を受けて行う使用済プラスチック使用製品の再資源化事業の用に供する施設及び同法に基づく再資源化事業計画の認定を受けて行うプラスチック使用製品産業廃棄物等の再資源化事業の用に供する施設に係る事業所税について、廃棄物処理法上の許可業者・認定事業者を対象とする現行の非課税措置・課税標準の特例措置の対象者を拡充し、

◆ 認定により一般廃棄物処理業者とみなされる者については、事業所税を非課税

◆ 認定により産業廃棄物処理業者とみなされる者については、資産割の課税標準を 3/4 控除、従業員割の課税標準を 1/2 控除

とする。

➤ **最終処分場における維持管理積立金の損金算入等に係る特例措置【延長】(所得税、法人税、個人住民税、法人住民税、事業税)(◎)**

・ 特定廃棄物最終処分場における埋立て終了後の維持管理に備えるための準備金(維持管理積立金)を積み立てた際に、当該積立金を損金又は必要経費に算入できる特例措置(損金算入可能な限度額は都道府県知事による通知額の6割)について、適用期限を2年間延長する。

➤ **公共の危害防止のために設置された施設又は設備(廃棄物処理施設、汚水・廃液処理施設)に係る課税標準の特例措置【延長】(固定資産税)**

・ 公害防止用設備に係る固定資産税の課税標準に関し、

◆ ごみ処理施設、石綿含有産業廃棄物等処理施設については 1/2 (◎)

◆ 一般廃棄物の最終処分場については 2/3 (◎)

◆ PCB 廃棄物等処理施設については 1/3 (◎)

◆ 汚水・廃液処理施設については 1/2 を参酌して 1/3 以上 2/3 以下の範囲内において市町村の条例で定める割合

とする特例措置について、適用期限を2年間延長。

（2）脱炭素社会

➤ 再生可能エネルギー発電設備に係る固定資産税の課税標準の特例措置【延長】（固定資産税）

- ・ 再生可能エネルギー発電設備（電気事業者による再生可能エネルギー電気の調達に関する特別措置法第二条第三項に規定する発電設備）について、新たに固定資産税が課せられることになった年度から 3 年分の固定資産税に限り課税標準を軽減する措置について、適用期限を 2 年間延長。

    （※）太陽光発電設備（自家消費型）、風力発電設備、中小水力発電設備、地熱発電設備、バイオマス発電設備

➤ 既存住宅の省エネ改修に係る軽減措置【拡充・延長】（所得税、固定資産税）

- ・ 省エネ改修等が行われた住宅について、所得税、固定資産税を軽減する特例措置の適用期限を 2 年間延長するとともに、
    - ◆ 所得税の特例措置については、特例措置の適用を受ける省エネリフォームの工事要件のうち、「全居室の全窓の断熱改修工事」を、「窓の断熱改修工事」に拡充。
    - ◆ 固定資産税の特例措置については、特例措置の適用を受ける省エネリフォームの築年数について、「平成 20 年 1 月 1 日以前から所在しているもの」を、「新築から 10 年以上経過したもの」に拡充。

令和4年度　環境省財政投融資要求の概要

➤ 脱炭素化の促進

地域脱炭素ロードマップに基づき、脱炭素事業に意欲的に取り組む民間事業者等を集中的、重点的に支援するため、複数年度にわたる継続的かつ包括的な資金支援の一環として、出資制度を創設する。

200億円の出資を呼び水として、1,000億円程度の規模の脱炭素事業を実現するとともに、新たなビジネスモデルの構築を通じて、数兆円規模の脱炭素投資の誘発に貢献することを目指す。

さらに、それらの成果を踏まえつつ、2030年度の温室効果ガス2013年度比46%削減、2050年までにカーボンニュートラル（脱炭素社会）の実現に向けて、資金支援を継続的に実施していく。

【財政投融資のうち産業投資　200億円
事業規模1,000億円程度を想定】

令和４年度　環境省機構・定員要求の概要

> 「時代の要請への対応」と「不変の原点の追求」という２つのコア・ミッションの実現に向けて、令和４年度の政府における体制整備においては、グリーン社会の実現に取り組むことが新たに重要課題として位置付けられたことを踏まえ、環境省の体制を抜本的に強化する。

【機構要求】

○地域脱炭素化推進のための体制強化
- ・地域脱炭素推進審議官
- ・大臣官房地域政策課長
- ・大臣官房地域脱炭素事業推進課長
- ・大臣官房参事官

○環境外交の強化
- ・特別国際交渉官
- ・地球環境局参事官
- ・気候変動国際交渉室長

【定員要求】：２３８人（前年度要求９３人）

1．本省：１１７人（前年度要求３７人）

○地域脱炭素ロードマップの実現など温室効果ガス 46%削減・50%の高みへの挑戦
- ・地域脱炭素化の推進のための体制強化
- ・再生可能エネルギー等の環境影響評価迅速化のための体制強化
- ・カーボンニュートラルの実現に向けた政策対応のための体制強化

○インド太平洋を始めとした世界の脱炭素移行推進のための体制強化

○プラスチック資源循環等の循環経済移行のための体制強化

○戦略的広報、ワークライフバランス・業務効率化推進等のための官房機能の強化

2．地方環境事務所：１２１人（前年度要求５６人）

○地域脱炭素ロードマップの実現など温室効果ガス 46%削減・50%の高みへの挑戦
- ・地域脱炭素ロードマップの実現に向けた伴走支援体制の強化
- ・自然環境に配慮した脱炭素化の推進のための体制強化

○プラスチック資源循環推進のための体制強化

○国立公園・世界自然遺産管理、里海づくりのための推進体制の強化

　※地域脱炭素に係る地方環境事務所の体制については、３か年で計画的に整備する。

環境省歴代大臣・幹部一覧

〔大　臣〕

氏　名	発令年月日
川　口　順　子	平13. 1. 6
大　木　　浩	14. 2. 8
鈴　木　俊　一	14. 9.30
小　池　百合子	15. 9.22
若　林　正　俊	18. 9.26
鴨　下　一　郎	19. 8.27
斉　藤　鉄　夫	20. 8. 2
小　沢　鋭　仁	21. 9.16
松　本　　龍	22. 9.17
江　田　五　月	23. 6.27
細　野　豪　志	23. 9. 2
長　浜　博　行	24.10. 1
石　原　伸　晃	24.12.26
望　月　義　夫	26. 9. 3
丸　川　珠　代	27.10. 7
山　本　公　一	28. 8. 3
中　川　雅　治	29. 8. 3
原　田　義　昭	30.10. 2
小　泉　進次郎	元. 9.11
山　口　　壯	3.10. 4

〔事務次官〕

太　田　義　武	13. 1. 6
中　川　雅　治	14. 1. 8
炭　谷　　茂	15. 7. 1
田　村　義　雄	18. 9. 5
西　尾　哲　茂	20. 7.22
小　林　　光	21. 7.14
南　川　秀　樹	23. 1. 7
谷　津　龍太郎	25. 7. 2
鈴　木　正　規	26. 7. 8
関　　荘一郎	27. 8. 1
小　林　正　明	28. 6.17
森　本　英　香	29. 7.14

鎌　形　浩　史	元. 7. 9
中　井　徳太郎	2. 7.21

〔地球環境審議官〕

浜　中　裕　徳	13. 7. 1
松　本　省　藏	16. 7. 1
小　島　敏　郎	17. 7.20
竹　本　和　彦	20. 7.22
南　川　秀　樹	18. 7.22
寺　田　達　志	23. 1. 7
谷　津　龍太郎	24. 9. 7
白　石　順　一	25. 7. 2
関　　壯一郎	26. 7. 8
小　林　正　明	27. 8. 1
梶　原　成　元	28. 6.17
髙　橋　康　夫	29. 7.14
森　下　　哲	元. 7. 9
近　藤　智　洋	2. 7.21
正　田　　寛	3. 7. 1

〔大臣官房長〕

炭　谷　　茂	13. 1. 6
松　本　省　藏	13. 7. 1
田　村　義　男	15. 7. 1
西　尾　哲　茂	16. 7. 1
小　林　　光	18. 9. 5
南　川　秀　樹	20. 7.22
谷　津　龍太郎	22. 7.10
鈴　木　正　規	24. 9. 7
森　本　英　香	26. 7. 8
鎌　形　浩　史	29. 7.14
正　田　　寛	元. 7. 9
鑓　水　　洋	3. 7. 1

〔総合環境政策局長〕

中　川　雅　治	13. 1. 6

炭 谷	茂	14. 1. 8
松 本 省	藏	15. 7. 1
田 村 義	雄	16. 7. 1
西 尾 哲	茂	18. 9. 5
小 林	光	20. 7.22
白 石 順	一	21. 7.14
清 水 康	弘	25. 7. 2
小 林 正	明	平26. 7.11
三 好 信	俊	27. 8. 1
奥 主 喜	美	28. 6.17
		〈廃止〉

〔地球環境局長〕

浜 中 裕	德	13. 1. 6
炭 谷	茂	13. 7. 1
岡 澤 和	好	14. 1. 8
小 島 敏	郎	15. 7. 1
小 林	光	17. 7.20
南 川 秀	樹	18. 9. 5
寺 田 達	志	20. 7.22
鈴 木 正	規	23. 1. 7
関 荘	一郎	24. 9. 7
梶 本 成	元	26. 7.11
鎌 形 浩	史	28. 6.17
森 下	哲	29. 7.14
近 藤 智	洋	元. 7. 9
小 野	洋	2. 7.21

〔環境管理局長〕

松 本 省	藏	13. 1. 6
西 尾 哲	茂	13. 7. 1
小 林	光	16. 7. 1
竹 本 和	彦	17. 7.20
		〈廃止〉

〔水・大気環境局長〕

竹 本 和	彦	17.10. 1

白 石 順	一	20. 7.22
鷺 坂 長	美	21. 7.14
小 林 正	明	24. 8.10
三 好 信	俊	26. 7.11
髙 橋 康	夫	27. 8. 1
早 水 輝	好	29. 7.14
田 中 聡	志	30. 7.13
小 野	洋	元. 7. 9
山 本 昌	宏	2. 7.21
松 澤	裕	3. 7. 1

〔自然環境局長〕

西 尾 哲	茂	13. 1. 6
小 林	光	13. 7. 1
岩 尾 總	一郎	14. 7.30
小野寺	浩	15. 7. 1
南 川 秀	樹	17. 7.20
冨 岡	悟	18. 9. 5
桜 井 康	好	19. 7.10
黒 田 大	三郎	20. 7.22
鈴 木 正	規	21. 7.14
渡 邉 綱	男	23. 1. 7
伊 藤 哲	夫	24. 8.10
星 野 一	昭	25. 7. 2
塚 本 瑞	天	26. 7.11
奥 主 喜	美	27. 8. 1
亀 澤 玲	治	28. 6.17
正 田	寛	30. 7.13
鳥 居 敏	男	元. 7. 9
奥 田 直	久	3. 7. 1

〔環境再生・資源循環局長〕

縄 田	正	29. 7.14
山 本 昌	宏	30. 7.13
森 山 誠	二	2. 7.21
室 石 泰	弘	3. 7. 1

北海道

前 佛 和 秀
大臣官房審議官

太 田 志津子
大臣官房環境保健部環境安全課長

和 田 篤 也
総合環境政策統括官（併）環境調査研修所長

福 島 健 彦
大臣官房総合政策課長

岩 山 政 史
地球環境局地球温暖化対策課脱炭素ライフスタイル推進室長

行 木 美 弥
水・大気環境局水環境課閉鎖性海域対策室長

布 田 洋 史
環境再生・資源循環局企画官（併）福島再生・未来志向プロジェクト推進室長

中 野 哲 哉
環境再生・資源循環局企画官

大 島 俊 之
原子力規制庁原子力規制部原子力規制企画課長

宮城県

加 藤 聖
地球環境局地球温暖化対策課地球温暖化対策事業室長

秋田県

寺 沢 直 樹
地球環境局地球温暖化対策課事業監理官

山形県

鑓 水 洋
大臣官房長

茨城県

谷 貝 雄 三
自然環境局自然環境計画課生物多様性主流化室長

更 田 豊 志
原子力規制委員会委員長

栃木県

関 谷 毅 史
自然環境局総務課長

荻 野 徹
原子力規制庁長官

上 田 健 二
中国四国地方環境事務所長

群馬県

今 井 正 之
大臣官房秘書課地方環境室長

松 下 整
原子力規制庁長官官房審議官（大臣官房担当）

埼玉県

萩 原 辰 男
大臣官房秘書課調査官

海老名 英 治
大臣官房環境保健部環境保健企画管理課特殊疾病対策室長

髙 澤 哲 也
水・大気環境局土壌環境課長（併）地下水・地盤環境室長

佐 藤 邦 雄
自然環境局自然環境整備課長

千葉県

神ノ田 昌 博
大臣官房環境保健部長

杉 本 留 三
地球環境局国際連携課国際協力・環境インフラ戦略室長

東京都

中尾　豊
大臣官房秘書課長

小森　繁
大臣官房会計課長

手塚英明
大臣官房環境保健部環境保健企画管理
課公害補償審査室長

長坂雄一
水・大気環境局大気環境課長（併）大
気生活環境室長

奥田直久
自然環境局長

堀上　勝
自然環境局自然環境計画課長

秀田智彦
自然環境局自然環境計画課自然環境情
報分析官

熊倉基之
自然環境局国立公園課長

中村邦彦
自然環境局皇居外苑管理事務所長

奥山祐矢
環境再生・資源循環局総務課長

筒井誠二
環境再生・資源循環局廃棄物適正処理
推進課長

水谷　努
原子力規制庁長官官房総務課企画官
兼 法令審査室企画調整官

河原雄介
原子力規制庁長官官房参事官（会計担
当）

遠山　眞
原子力規制庁長官官房技術基盤課長

志間正和
原子力規制庁原子力規制部安全規制管
理官（研究炉等審査担当）

築島　明
中部地方環境事務所長

岡本光之
九州地方環境事務所長

神奈川県

永島徹也
大臣官房総務課長

松本行央
大臣官房総務課国会連絡室長

鈴木章記
大臣官房環境保健部放射線健康管理担
当参事官

塚田源一郎
地球環境局総務課気候変動適応室長

豊住朝子
地球環境局地球温暖化対策課フロン対
策室長（併）低炭素物流推進室長

鈴木延昌
水・大気環境局総務課調査官（併）環
境管理技術室長

伊澤　航
水・大気環境局土壌環境課農薬環境管
理室長

石渡　明
原子力規制委員会委員

金子修一
原子力規制庁長官官房緊急事態対策監

市村知也
原子力規制庁原子力規制部長

岩田順一
原子力規制庁原子力規制部地震・津波
審査部門安全管理調査官（地震安全対
策担当）

西山理行
環境調査研修所次長

新潟県

小池　晃
原子力規制庁長官官房会計部門経理統
括専門官 併 上席会計監査官

富山県

西村正美
原子力規制庁長官官房総務課地域原子
力規制総括調整官（福井担当）

石川県

角 倉 一 郎
大臣官房政策立案総括審議官

室 石 泰 弘
環境再生・資源循環局長

前 川 之 則
原子力規制庁長官官房総務課地域原子
力規制総括調整官（青森担当）

新 田 　 晃
原子力規制庁長官官房放射線防護企画
課長

清 丸 勝 正
原子力規制庁原子力規制部検査監督総
括課検査評価室長

岐阜県

酒 向 貴 子
自然環境局京都御苑管理事務所長

静岡県

松 下 雄 介
大臣官房地域脱炭素政策調整官

櫻 井 洋 一
北海道地方環境事務所長

愛知県

瀬 川 恵 子
大臣官房審議官

木 野 修 宏
大臣官房環境影響評価課環境影響審査
室長

小 笠 原 　 靖
地球環境局地球温暖化対策課長

山 下 　 信
水・大気環境局水環境課海洋環境室長

中 島 慶 次
水・大気環境局水環境課海洋プラス
チック汚染対策室長

大 林 圭 司
自然環境局野生生物課外来生物対策室
長

三重県

黒 川 陽一郎
原子力規制庁長官官房総務課長

滋賀県

大 森 恵 子
大臣官房サイバーセキュリティ・情報
化審議官 兼 公文書監理官

京都府

大 井 通 博
地球環境局国際連携課長

竹 本 　 亮
原子力規制庁長官官房監視情報課放射
線環境対策室長

大阪府

波戸本 　 尚
大臣官房環境経済課長

水 谷 好 洋
地球環境局国際連携課国際地球温暖化
対策担当参事官

北 橋 義 明
自然環境局自然環境整備課温泉地保護
利用推進室長

片 山 　 啓
原子力規制庁次長（兼）原子力安全人
材育成センター所長

古金谷 敏 之
原子力規制庁原子力規制部検査監督総
括課長

関 根 達 郎
近畿地方環境事務所長

兵庫県

吉 住 奈緒子
大臣官房環境保健部環境保健企画管理
課石綿健康被害対策室長

番 匠 克 二
環境再生・資源循環局参事官（特定廃
棄物対策）

山 中 伸 介
原子力規制委員会委員

鳥取県

松 本 英 昭
自然環境局生物多様性センター長

岡山県

奥 　 博 貴
原子力規制庁長官官房人事課企画官

田 口 達 也
原子力規制庁原子力規制部安全規制管
理官（実用炉審査担当）

広島県

正 田 　 寛
地球環境審議官

上 田 康 治
大臣官房地域脱炭素推進総括官

東 　 幸 毅
水・大気環境局総務課越境大気汚染情
報分析官

森 下 　 泰
原子力規制庁長官官房審議官

山口県

山 本 麻 衣
自然環境局野生生物課希少種保全推進
室長

冨 田 秀 俊
原子力規制庁長官官房人事課企画官
（服務・人事制度・厚生企画担当）

杉 本 孝 信
原子力規制庁原子力規制部安全規制管
理官（専門検査担当）

香川県

田 中 　 桜
大臣官房環境保健部環境安全課環境リ
スク評価室長

則 久 雅 司
自然環境局野生生物課長

平 尾 禎 秀
環境再生・資源循環局総務課リサイク
ル推進室長（併）循環型社会推進室長

福岡県

森 光 敬 子
大臣官房審議官 兼 環境調査研修所国
立水俣病総合研究センター所長

田 中 良 典
大臣官房環境保健部環境保健企画管理
課長

佐 藤 　 暁
原子力規制庁長官官房核物質・放射線
総括審議官

長崎県

河 村 玲 央
地球環境局総務課脱炭素化イノベー
ション研究調査室長

渡 邉 桂 一
原子力規制庁長官官房政策立案参事官

大分県

曽 宮 和 夫
自然環境局総務課国民公園室長（併）
新宿御苑管理事務所長

宮崎県

黒 川 ひとみ
大臣官房会計課監査指導室長

沖縄県

金 城 慎 司
原子力規制庁長官官房人事課長

環境省組織概要

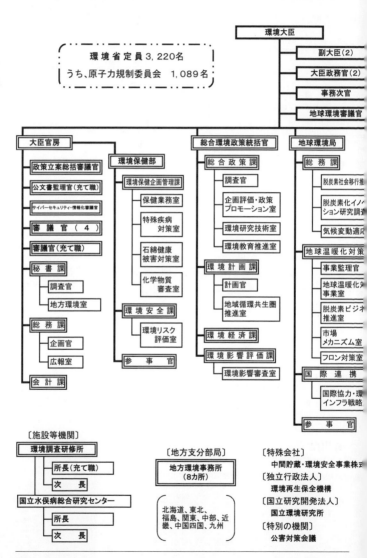

環境大臣

副大臣（2）
大臣政務官（2）
事務次官
地球環境審議官

環境省定員 3,220名
うち、原子力規制委員会 1,089名

大臣官房

政策立案総括審議官
公文書監理官（充て職）
サイバーセキュリティ・情報化審議官
審議官（4）
審議官（充て職）

秘書課
　調査官
　地方環境室

総務課
　企画官
　広報室

会計課

環境保健部

環境保健企画管理課
　保健業務室
　特殊疾病対策室
　石綿健康被害対策室
　化学物質審査室

環境安全課
　環境リスク評価室

参事官

総合環境政策統括官

総合政策課
　調査官
　企画評価・政策プロモーション室
　環境研究技術室
　環境教育推進室

環境計画課
　計画官
　地域循環共生圏推進室

環境経済課

環境影響評価課
　環境影響審査室

地球環境局

総務課
　脱炭素社会移行推
　脱炭素イノベーション研究調査
　気候変動適応

地球温暖化対策
　事業監理官
　地球温暖化対事業室
　脱炭素ビジネ推進室
　市場メカニズム室
　フロン対策室

国際連携
　国際協力・環インフラ戦略

参事官

〔施設等機関〕

環境調査研修所
　所長（充て職）
　次長

国立水俣病総合研究センター
　所長
　次長

〔地方支分部局〕

地方環境事務所（8カ所）

北海道、東北、福島、関東、中部、近畿、中国四国、九州

〔特殊会社〕
　中間貯蔵・環境安全事業株式

〔独立行政法人〕
　環境再生保全機構

〔国立研究開発法人〕
　国立環境研究所

〔特別の機関〕
　公害対策会議

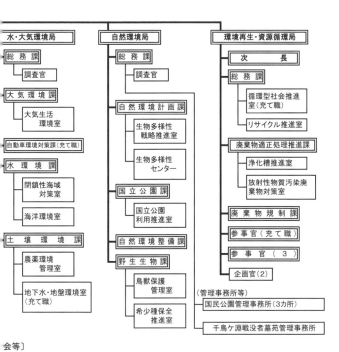

水・大気環境局

総　務　課
　└ 調査官

大 気 環 境 課
　└ 大気生活
　　環境室

自動車環境対策課（充て職）

水　環　境　課
　├ 閉鎖性海域
　│　対策室
　└ 海洋環境室

土　壌　環　境　課
　├ 農薬環境
　│　管理室
　└ 地下水・地盤環境室
　　（充て職）

自然環境局

総　務　課
　└ 調査官

自然環境計画課
　├ 生物多様性
　│　戦略推進室
　└ 生物多様性
　　センター

国 立 公 園 課
　└ 国立公園
　　利用推進室

自然環境整備課

野 生 生 物 課
　├ 鳥獣保護
　│　管理室
　└ 希少種保全
　　推進室

環境再生・資源循環局

次　　　長

総　務　課
　├ 循環型社会推進
　│　室（充て職）
　└ リサイクル推進室

廃棄物適正処理推進課
　├ 浄化槽推進室
　└ 放射性物質汚染廃
　　棄物対策室

廃 棄 物 規 制 課

参事官（充て職）

参 事 官（ 3 ）

企画官（2）

（管理事務所等）
　├ 国民公園管理事務所（3カ所）
　└ 千鳥ケ淵戦没者墓苑管理事務所

〔　　会等〕
　　環境審議会
　健康被害補償不服審査会
　水俣病認定審査会
　海・八代海等総合調査評価委員会
　省国立研究開発法人審議会

281

■組織概要

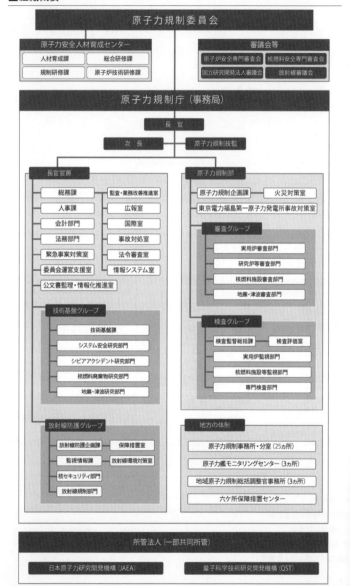

原子力規制委員会

原子力安全人材育成センター
- 人材育成課
- 総合研修課
- 規制研修課
- 原子炉技術研修課

審議会等
- 原子炉安全専門審査会
- 核燃料安全専門審査会
- 国立研究開発法人審議会
- 放射線審議会

原子力規制庁（事務局）

長官

次長 — 原子力規制技監

長官官房
- 総務課 — 監査・業務改善推進室
- 人事課 — 広報室
- 会計部門 — 国際室
- 法務部門 — 事故対処室
- 緊急事案対策室 — 法令審査室
- 委員会運営支援室 — 情報システム室
- 公文書監理・情報化推進室

技術基盤グループ
- 技術基盤課
- システム安全研究部門
- シビアアクシデント研究部門
- 核燃料廃棄物研究部門
- 地震・津波研究部門

放射線防護グループ
- 放射線防護企画課 — 保障措置室
- 監視情報課 — 放射線環境対策室
- 核セキュリティ部門
- 放射線規制部門

原子力規制部
- 原子力規制企画課 — 火災対策室
- 東京電力福島第一原子力発電所事故対策室

審査グループ
- 実用炉審査部門
- 研究炉等審査部門
- 核燃料施設等審査部門
- 地震・津波審査部門

検査グループ
- 検査監督総括課 — 検査評価室
- 実用炉監視部門
- 核燃料施設等監視部門
- 専門検査部門

地方の体制
- 原子力規制事務所・分室（25ヵ所）
- 原子力艦モニタリングセンター（3ヵ所）
- 地域原子力規制総括調整官事務所（3ヵ所）
- 六ケ所保障措置センター

所管法人（一部共同所管）
- 日本原子力研究開発機構（JAEA）
- 量子科学技術研究開発機構（QST）

人 名 索 引

【あ】

相 澤 寛 史…………… 41
青 山 勝 信……………204
明 石 健 吾…………… 21
東 　 幸 毅…………… 70
足 立 敏 通……………139
天 野 直 樹……………182
鮎 川 智 一……………111

【い】

飯 田 博 文…………… 68
伊 澤 　 航…………… 77
石 渡 　 明……………121
一 井 直 人……………136
市 村 知 也……………175
伊 藤 賢 利…………… 51
伊 藤 博 邦……………173
井 上 和 也…………… 60
今 井 正 之…………… 15
岩 田 順 一……………193
岩 山 政 史…………… 62

【う】

上 田 　 洋……………213
上 田 康 治…………… 47

【え】

海 老 名 英 治…………… 29

【お】

大 浅 田 　 薫……………190
大 井 通 博…………… 64
大 倉 紀 彰……………105
大 島 俊 之……………176
太 田 志津子…………… 35
大 竹 　 敦…………… 24
大 林 圭 司…………… 94
大 東 　 誠……………210
大 向 繁 勝……………225
大 森 恵 子…………… 12
小 笠 原 　 靖…………… 57
岡 野 隆 宏…………… 88
岡 村 幸 代…………… 43
岡 本 光 之……………236
荻 野 　 徹……………122
奥 　 博 貴……………145
奥 田 直 久…………… 78
奥 山 祐 矢……………101
長 田 　 啓…………… 80
小 澤 隆 寛……………189
小 野 　 洋…………… 52
小 野 祐 二……………128

【か】

片 山 　 啓……………123
加 藤 　 聖…………… 58
加 藤 　 学…………… 42
門 野 利 之……………202
金 子 修 一……………126

人
名
索
引

金　子　真　幸……………137
上　田　健　二……………235
神ノ田　昌　博…………… 26
神　谷　洋　一……………106
川　内　英　史……………161
川　﨑　憲　二……………153
川　下　泰　弘……………211
河　原　雄　介……………147
川　又　孝太郎…………… 72
河　村　玲　央…………… 55

【き】

北　橋　義　明…………… 90
木　野　修　宏…………… 46
木　本　昌　秀……………237
金　城　慎　司……………143

【く】

久　保　善　哉…………… 31
熊　谷　直　樹……………207
熊　倉　基　之…………… 87
栗　﨑　　　博……………206
栗　田　　　旭……………151
黒　川　ひとみ…………… 23
黒　川　陽一郎……………130
黒　羽　真　吾…………… 28

【こ】

小　池　　　晃……………149
古金谷　敏　之……………195
小　坂　淳　彦……………218
児　玉　　　智……………146

小　森　　　繁…………… 22
近　藤　貴　幸…………… 50

【さ】

雑　賀　康　正……………216
坂　口　芳　輝…………… 54
櫻　井　洋　一……………229
櫻　田　道　夫……………124
酒　向　貴　子…………… 96
佐々木　　　潤……………169
佐　藤　　　暁……………125
佐　藤　邦　雄…………… 89
寒　川　琢　実……………205

【し】

重　山　　　優……………166
澁　谷　朝　紀……………179
志　間　正　和……………183
島　田　　　肇……………148
正　田　　　寛…………… 4
白　石　隆　夫…………… 7

【す】

菅　原　洋　行……………186
杉　野　英　治……………162
杉　本　孝　信……………208
杉　本　文　孝……………227
杉　本　留　三…………… 65
鈴　木　章　記…………… 37
鈴　木　延　昌…………… 69
角　倉　一　郎…………… 6

【せ】

清	丸	勝	正	197
瀬	川	恵	子	8
瀬	川	俊	郎	232
関	根	達	郎	234
関	谷	毅	史	79
前	佛	和	秀	11

【そ】

| 曽 | 宮 | 和 | 夫 | 81, 97 |

【た】

髙	澤	哲	也	76
髙	須	洋	司	199
田	口	清	貴	156
田	口	達	也	180
竹	内		淳	178
竹	本		亮	170
武	山	松	次	198
忠	内	厳	大	194
辰	巳	秀	爾	164
田	中		桜	36
田	中		知	118
田	中	良	典	27

【つ】

塚	田	源一郎		56
築	島		明	233
筒	井	誠	二	103
堤		達	也	40

【て】

手	塚	英	明	32
寺	崎	智	宏	167
寺	沢	直	樹	63

【と】

土	居	健太郎		100
東	條	純	士	224
遠	山		眞	155
戸ヶ崎			康	181
冨	田	秀	俊	144
豊	住	朝	子	61

【な】

内	藤	浩	行	191
内	藤	冬	美	59
中	井	德太郎		3
中	尾		豊	13
長	坂	雄	一	71
中	澤	圭	一	85
中	島	慶	次	75
永	島	徹	也	16
中	田		聰	217
中	野	哲	哉	113
中	村	邦	彦	95
中	村	振一郎		171
中	山	隆	治	230
名	倉	繁	樹	192
行	木	美	弥	73

人
名
索
引

【に】

新井田　　浩……………108
西　崎　崇　徳……………142
西　沢　正　剛……………154
西　村　治　彦……………53
西　村　正　美……………133
西　村　　学……………45
西　山　理　行……………222
新　田　　晃……………163
二　宮　浩　次……………203

【ぬ】

布　田　洋　史……………112
布　村　希志子……………150
沼　田　正　樹……………17

【の】

野　村　　環……………82
野　村　優　子……………134
則　久　雅　司……………91

【は】

萩　沼　真　之……………159
萩　原　辰　男……………14
橋　本　洋　逸……………25
長谷川　清　光……………188
秦　　康　之……………231
波戸本　　尚……………44
馬　場　康　弘……………110
早　川　善　也……………214
伴　　信　彦……………120

番　匠　克　二……………109

【ひ】

東　岡　礼　治……………92
秀　田　智　彦……………84
平　尾　禎　秀……………102

【ふ】

福　島　健　彦……………39
福　田　宏　之……………107
更　田　豊　志……………117
藤　森　昭　裕……………184
舟　山　京　子……………157

【ほ】

細　野　行　夫……………185
堀　上　　勝……………83

【ま】

前　川　之　則……………131
前　田　敏　克……………187
増　田　直　文……………19
松　澤　　裕……………67
松　下　　整……………127
松　下　雄　介……………49
松　田　尚　之……………48
松　本　英　昭……………98
松　本　啓　朗……………10
松　本　行　央……………20

【み】

水	谷		努	……………141
水	谷	好	洋	…………… 66
水	野		大	…………200
三	橋	康	之	…………165
南	山	力	生	…………132
宮	﨑		健	…………152
宮	崎		毅	…………215
宮	本		久	…………172
宮	脇		豊	…………174

【む】

迎			隆	…………158
村	尾	周	仁	…………212
村	田	真	一	…………135
村	山	綾	介	…………168
室	石	泰	弘	………… 99

【も】

本	橋	隆	行	…………196
森	下		泰	…………129
森	光	敬	子	…………9, 223
守	谷	謙	一	…………177

【や】

谷	貝	雄	三	………… 86
山	口	道	夫	…………226
山	﨑	邦	彦	………… 34
山	下		信	………… 74
山	田	憲	和	…………160
山	中	伸	介	…………119

山	本	麻	衣	………… 93
山	本	泰	生	…………104
山	元	義	弘	…………209
鑓	水		洋	………… 5

【よ】

吉	口	進	朗	………… 18
吉	﨑	仁	志	………… 33
吉	住	奈緒子		………… 30
吉	野	亜	文	…………140
米	林	賢	二	…………201

【わ】

和	田	篤	也	………… 38, 221
渡	邉	桂	一	…………138
渡	部	和	之	…………228

環境省名鑑－2022年版

令和3年11月18日 初版発行　定価(本体3,300円＋税)

編著者	米 盛 康 正
発行所　　　株式会社 時 評 社	

郵 便 番 号　　　100-0013
東京都千代田区霞が関3－4－2
商工会館・弁理士会館ビル6F
電　話　(03)3580－6633
振 替 口 座　00100-2-23116

©時評社 2021

印刷・製本 株式会社 太平印刷社　　落丁・乱丁本はお取り換えいたします

ISBN978-4-88339-291-9 C2300 ¥3300E